마틴루터의

독일 신학

원저자: 무명의 프랑크푸르터
편역자: 마틴 루터
번역자: 최대형

마틴 루터의 독일신학(개역해설판)
The Theologla Germanica of Martin Luther

ⓐ 2021년 은성출판사
초판 발행: 2003.6.10
제2판: 2021.12.25
저자: 미상
편역자: 마틴 루터
역자: 최대형
발행처: 은성출판사
등록: 1974년 12월 9일 제9-66호
주소: 서울시 강동구 성내로3길 16(은성빌딩) 3층
전화: 031) 774-2102
팩스: 02) 6007-1154
http://www.eunsungpub.co.kr
e-mail: esp4404@hotmail.com

출판 및 판매에 관한 모든 권한은 본 출판사가 소유하고 있습니다. 출판사의 사전 서면 허락없이 번역, 재제작, 인용, 촬영, 녹음 등을 할 수 없음을 알려드립니다.

Printed in Korea
ISBN: 89-7236-302-2-33230

The Thelogia Germanica

of

Martin Luther

목차

한글 역본 서문 / 9

개론 / 21

 저자 미상에 대하여 / 21

 파문 / 23

 하나님의 친구들 / 27

 『독일신학』의 신비신학 / 34

 자유 영의 형제자매들 / 41

 프로테스탄트에서의 『독일신학』의 역사 / 45

 『독일신학』의 윤리적 기초 / 56

마틴 루터의 독일신학 / 65

 편역자 마틴 루터의 서문 / 67

 제1장 [온전함과 불완전함이란 무엇이며, 어떻게 부분적인 것을 떨쳐버리고 온전한 것이 되게 할 것인가?] / 69

 제2장 [죄란 무엇인가? 선은 오직 참된 선이신 하나님에게만 속해 있으므로, 어떻게 선한 것을 자기의 것으로 돌리지 말아야 할 것인가?] / 74

 제3장 [아담의 타락과 마찬가지로, 어떻게 인간의 타락이 해결되어야 할 것인가?] / 76

 제4장 [인간이 자기에게 선한 것이 있다고 주장함으로써 어떻게 자멸하여 하나님께 속한 영광을 가로채는가?] / 79

 제5장 [인간은 규범, 의지, 사랑, 욕망, 지식 등에 대해 비워야 한다는 주장을 어떻게 이해할 것인가?] / 76

 제6장 [사람은 어떻게 가장 높고 좋다는 이유 하나만으로 다른 것보다 우선하여 그것을 사랑할 수 있는가?] / 83

제7장 [영원과 시간을 볼 수 있는 두 개의 내면의 눈과 어떻게 한 눈이 다른 눈에 의해 방해를 받을 수 있는가에 대해서] / 86

제8장 [어떻게 인간의 영혼이 몸 안에 있으면서 영원한 기쁨을 미리 맛볼 수 있는가?] / 88

제9장 [하나님은 인간을 통해서 무엇을 하기를 원하시는가? 혹은 하나님께서 무슨 일을 맡기려 하시는가에 주목하는 것이 왜 인간에게 좋고 유익한가? 하나님이 과거에 모든 피조물을 통해서 역사하신 것과 장래에 그것들을 통해서 무엇을 하실 것인지를 인간이 아는 것은 왜 유익한가? 복과 기쁨이 어떻게 피조물에서 발견되지 않고 하나님과 그의 역사 안에서 발견되는가?] / 92

제10장 [온전한 사람은 어떻게 아무것도 원하지 않고 손이 몸에 붙어 있는 것과 같이 영원한 선에 정착하기를 원하게 되는가? 그러한 사람은 어떻게 지옥의 두려움을 잊고 천국에 대한 갈망하게 되는가?] / 96

제11장 [이 세상에 있는 의로운 사람이 어떻게 지옥을 경험하며 거기에서 위로를 받지 못하는가? 또 어떻게 그가 지옥에서 슬픔이 없는 천국으로 옮겨지는가?] / 99

제12장 [그리스도께서 승천하시면서 제자들에게 선물로 주신 바르고 참된 내면의 평화란 무엇인가? 어떻게 사람은 종종 외적인 표적들을 쉽게 지나쳐 버리는가? 사람을 온전하게 하는 세 단계에 관하여] / 103

제13장 [어떻게 모든 사람이 아담 안에서 죽었고, 그리스도 안에서 다시 생명을 얻었는가? 진정한 순종과 불순종에 관하여] / 106

제14장 [옛사람이란 무엇이며, 새사람이란 무엇인가?] / 110

제15장 [어떻게 우리가 행한 선을 우리의 것으로 돌리지 않으면서 우리가 범한 악에 대해서는 죄책감을 느껴야 하는가?] / 116

제16장 [어떻게 그리스도의 삶이 전무후무한 가장 고귀하고 아름다운 삶이 되는가? 또 자유분방하고 거짓된 삶이 어떻게 가장 선한 삶이 되는가?] / 118

제17장 [왜 사람은 많은 의문과 공부, 또는 많은 지식과 이성을 통해서는 참 빛과 그리스도의 삶에 가까이 갈 수 없고, 오직 자기 자신과 모든 것을 포기함으로써만 가능한가?] / 121

제18장 [그리스도의 삶이 우리 자신과 본성에 가장 어렵고 고달픈 삶이었으므로, 우리의 본성은 그것을 그대로 받아들이지 못하고 가장 편안하고 쾌락으로 가득 찬 거짓되고 무분별한 삶의 길을 선택한다.] / 123

제19장 [어떻게 하나님의 친구는 자원하여 자신이 해야 하는 모든 의무를 감당하며 그 외의 일에는 관여하지 않는가?] / 125

제20장 [어떻게 하나님의 영이 종종 사람을 사로잡아 그를 능력으로 지배하시는가? 또 어떻게 악령도 종종 같은 일을 하는가?] / 127

제21장 [하나님께 순종하고 순종하기를 원하는 사람은 모든 것, 즉 하나님, 자기 자신, 그리고 모든 피조물에 순종해야 하며, 수동적인 고난을 통하여, 때로는 확실한 행동을 통하여 순종해야 한다.] / 131

제22장 [사람이 영적 진리에 민감해지고 성령에 사로잡히는 것에 대한 네 가지 일] / 134

제23장 [함께 살고 싶어 하는 두 자매처럼 악령의 씨앗에서 자라나는 두 가지 악한 열매, 즉 영적 소유에 대한 교만과 훈련되지 않은 거짓 자유에 대하여] / 137

제24장 [영적 가난과 진정한 겸손에 관하여. 그리고 진리로 자유케 된 의롭고 규모 있는 참 자유인을 구별하는 방법에 관하여] / 140

제25장 [모든 것을 버려야 한다는 그리스도의 말씀을 어떻게 이해할 것인가? 거룩한 뜻과의 참된 연합을 어떻게 이해할 것인가?] / 147

제26장 [거룩한 뜻과 연합된 후의 속사람은 어떻게 견고히 서며, 그렇지 못한 겉사람은 어떻게 방황하는가?] / 149

제27장 [인간은 죽기 전에는 고통이 없이 평온한 상태를 얻을 수 없는가?] / 151

제28장 [인간은 어떻게 규범, 질서, 법, 법칙 등을 초월한 상태에 들어갈 수 있는가?] / 153

제29장 [왜 인간은 그리스도의 삶을 부인하지 않고 오히려 장려해야 하며, 죽기까지 그러한 관계를 유지해야 하는가?] / 155

제30장 [어떻게 하나님은 참되고 변함이 없으신 온전한 선이시며, 어떻게 그는 빛이요 지혜요 모든 덕이 되시는가? 왜 사람은 가장 사랑스럽고 높고 귀하신 하나님을 붙들어야 하는가?] / 158

제31장 [사람은 어떻게 신화된 사람 안에서 정결하고 오염되지 않으며, 어떻게 모든 피조물을 사랑하기를 원하고 그들을 위해 최선을 다할 수 있는가?] / 162

제32장 [사람이 가장 좋은 것을 얻으려면 자기 의지를 버려야 하며, 사람들이 자기 의지를 향하도록 선동하는 자는 가장 추악한 것을 향하도록 선동하는 것이다.] / 165

제33장 [어떻게 신화된 사람 안에는 그의 중심에 뿌리박힌 참 겸손이 있고, 또 심령의 가난이 있는가?] / 167

제34장 [어떻게 죄만이 하나님을 대적하며, 그리고 죄란 무엇인가?] / 169

제35장 [하나님 안에는 근심, 고난, 미움 등이 없으면서, 어떻게 신화된 사람들에게는 그것들이 존재하는가?] / 172

제36장 [왜 사람은 보상을 위해서가 아닌 사랑을 위해서 그리스도의 삶을 덧입어야 하며, 그것을 벗어버리거나 무시해서는 안 되는가?] / 175

제37장 [하나님은 얼마나 질서, 규범, 예의 등을 원하시는가? 왜냐하면 피조물이 없이는 그런 것들이 존재하지 않기 때문이다. 질서, 규범, 선한 관습 등을 실천하는 네 종류의 사람들] / 177

제38장 [거짓 빛과 그 특성을 구분하는 분명한 차이점] / 181

제39장 [어떤 의미에서 신령한 빛의 비추임을 받고 영원하고 거룩한 사랑에 타오르는 사람을 신화된 사람이라고 부르는가? 왜 사랑이 없는 빛과 지식은 쓸모가 없는가?] / 190

제40장 [사람이 하나님을 사랑하지 않고서도 신앙을 고백할 수 있는가 하는 문제에 관하여. 어떻게 참과 거짓이라는 두 종류의 빛과 사랑이 있는가?] / 194

제41장 [참으로 신화된 사람을 구분하고 측정할 수 있는 표적들과 거짓 빛과 거짓 자유 영의 특징에 관하여] / 199

제42장 [왜 자기 의지가 하나님을 대적하는가? 왜 자신의 최선을 자기의 공로로 돌리는 사람은 그것을 찾을 수 없으며, 왜 사람은 자신에게는 선도 없고 행할 능력도 없음을 알지 못하는가?] / 204

제43장 [그리스도의 삶이 있는 곳에 그리스도가 있다. 어떻게 그리스도의 삶이 전무후무한 고귀하고 훌륭한 삶이 되는가?] / 207

제44장 [어떻게 온전한 만족과 휴식이 다른 피조물이 아닌 그리스도 안에서만 발견될 수 있을까? 왜 하나님께 순종하기를 원하는 사람은 모든 사람을 사랑해야 하는가?] / 209

제45장 [모든 것을 사랑하라고 함에 있어 죄까지도 사랑해야 하는가에 관하여] / 212

제46장 [참지식과 경험에 이르기 전에 가져야 할 선행 조건으로서 거룩한 진리에 관계된 몇 가지 사실을 믿어야 함에 관하여] / 215

제47장 [자기 의지에 관하여. 어떻게 루시퍼와 아담이 자기 의지 때문에 하나님으로부터 멀어졌는가? 어떻게 이 세상이 낙원이 되고 천국의 근교가 되는가? 어떻게 거기에서는 한 그루의 나무, 즉 자기 의지만이 금지되었는가?] / 217

제48장 [왜 하나님은 자기 의지가 하나님을 대적한다는 것을 아시면서도 그것을 창조하셨는가?] / 220

제49장 [예수님께서 "나를 말미암지 않고서는 아버지께로 올 자가 없느니라"
라고 하신 말씀과 "아버지께서 내게 주신 자 외에는 내게 올 자가 없느
니라"고 하신 이 두 말씀을 어떻게 이해해야 할 것인가? 이것에 관하여
이 책의 마지막에 이르기까지 7장(제5장-제56장)에서 설명된다.] /
222

제50장 / 225

제51장 / 227

제52장 / 230

제53장 / 232

제54장 / 235

제55장 / 237

제56장 / 239

참고문헌 / 241

한글 역본 서문

『독일신학』(*Theologia Germanica*, 또는 *Theologia deutsch*)은 이 세상의 삶으로 옮겨진 하나님 안에의 삶에 관한 책이다. 이것은 1350년경에 어느 익명의 저자에 의해 저술되었다. 마틴 루터가 1516년에 이 책의 축소판을 발견하여 그의 서문과 함께 비텐베르크(Wittenberg)에서 출판했으며, 2년 후에는 어느 수도원의 도서관에서 원본으로 여겨지는 사본을 발견하여 더욱 상세한 서론과 함께 1518년에 출판하였다. 이 책은 루터의 생전에 여러 번 재판되었다. 수 세기에 걸쳐 약 200개의 언어로 출판되었다.

이 책은 철자법에 일관성이 없는 독일 방언으로 쓰였으며, 루터의 말처럼 "단순한" 문체였다. 그러나 단순함 속에 영적 교훈은 매우 심오하므로, 단순한 단어나 문장으로 인하여 그 깊은 뜻을 간과해서는 안 된다.

한글역 『마틴 루터의 독일신학』은 단어나 문장은 쉽지 않다, 이해하기 매우 힘들다. 그것은 오늘에 이르기까지 에큐메니컬 전통의 한국 기독교회에서 기독교 신비가들의 글이 거의 소개되거나 읽지 않았기 때문일 것이다. 그것은 신비가들이나 그들에 관한 책은 대부분 가톨릭 전통에 속해 있기 때문일 것이다.

우리나라 기독교에 "영성"이라는 단어가 도입되기 시작한 것은 1970년대 후반이었을 것이다. 점차 영성에 관해 관심이 늘어나면서 신비가와 그들의 글이 소개되기 시작했다.

이러한 과정에서 4세기의 이집트 등 사막의 영성 서적과 부정의 전통의 신비가들의 글이 출판되었다. 초대에서 근대에 이르기까지 동방 기독교의 신학은 헬라 교부들의 글이 주로 이루고 있다.

중세에 이르러 이들의 맥을 이은 신비가들은 도미니크 수도원 전통의 14세기 라인강변의 신비가들의 활동이 있었다. 이들 중 주요한 인물은 에크하르트, 요한 타울러, 그리고 하인리히 소이세이다.

이들이 살았던 때를 기독교 암흑시기라고 부르는데, 십자군 전쟁에 연이은 백 년 전쟁, 페스트 역병, 이상기후 등 천재로 인해 하나님의 긍휼하심이 보이지 않는다고 해서 그렇게 부른다.

이때 과부들과 여인들이 연합하여 베긴회라는 공동체를 이루고 푸른 앞치마를 두르고 그들보다 더 가난한 과부들과 고아들, 길거리에서 굶주려 죽어가고 있는 사람들과 병자들을 도왔다. 한편 남성들도 베가드회를 조직해서 봉사했다. 오늘날 이들을 가리켜서 "푸른 순교자"라고 부른다. 라인강변의 신비가들은 이들을 도와서 성찬을 베풀고, 교리 공부도 가르쳤지만 끝내 이들은 교황청으로부터 인정받지 못해서 결국 뿔뿔이 흩어지고, 일부는 "자유 영"에 흡수되었다.

이렇게 교황청에서 한계인으로 몰아서 내치는 동안 "하나님의 친구들"이라는 경건 운동을 지향하는 단체가 일어났다. 라인강변의 신비가들 중 특히 요한 타울러가 이들과 긴밀한 관계를 유지하고 있었다.

한편 "자유 영"이라는 단체가 일어났는데(이단으로 정죄됨), 교황청으로부터 핍박받던 베긴과 베가드들은 이 단체에 흡수되었다. 매우 안타까운 일이다.

그러니까 쉽게 말하자면, 백성들의 삶은 매우 고통스럽고, 국가는 전쟁과 역병 등으로 인해 제 기능을 하지 못하고, 가톨릭(보편적) 기독교

(Catholic)는 교인들에게 희망을 주지 못했을 뿐만 아니라 정말 보편적 (catholic, universal)이지 못했다.

이때 라인강변의 신비가들의 "부정의 신비 신학"이 대중에게 영향을 끼치고 있었다. 어느 시대나 교회가 백성들에게 희망을 주지 못할 때 "부정의 신비신학"이 등장한다. 어쩌면 이 신학적 조류가 마틴 루터의 신앙 태도에 영향을 끼쳤고, 그 별과 16세기의 종교개혁이라는 결과를 가져왔을 것이다.

앞에서 언급했듯이 마틴 루터가 1516년에 『독일신학』의 원본을 발견했고, 그다음 해인 1517년에 비텐베르크 성당의 95개 조의 반박문을 내붙였고, 또 그다음 해인 1518년에 조악한 문장으로 된 『독일신학』의 원본을 재편집해서 출판했다. 다시 말해서 루터의 종교개혁 소용돌이 중간에 『독일신학』이 놓여있다.

처음부터 마틴 루터는 종교개혁을 일으키려는 계획은 없었다. 그렇다면 그의 내면에 굳게 형성된 그의 신앙 태도가 그렇게 만들었다. 성명 외에 그에게 강력하게 끼친 가치는 어디에서 왔을까? 독자들은 이 책을 읽는 동안 그 답을 발견할 것이다.

지금까지 알려진 바로는, 이 책의 원본은 현존하지 않고 있다. 영역본과 현대 독일어판의 근거가 된 것은 1497년판 사본이다. 이것은 오랫동안 루터가 출판한 것보다 원본에 더 가깝다고 여겨져 왔으나, 최근의 학자들은 루터의 것이 더 신빙성이 있다고 주장한다. 다시 말해, 루터는 이 신비적-윤리적인 책을 전혀 수정하지 않고 출판사에 넘겼을 것이다.

이 번역서는 루터의 1518년 판에 근거를 두기 때문에 『마틴 루터의 독일신학』(*Theologia Germanica of Martin Luther*)이라는 제목을 붙였다.

루터는 성경과 성 어거스틴 다음으로 하나님과 인간의 관계에 대해 이 작은 책만큼 참되고 유익한 책을 읽어본 적이 없다고 기록했다.

이 책은 은혜로 의롭다 함을 얻은 그의 경험을 확인해 주었다. 중세 시대 후기의 여러 신비가와 라인강변의 신비가 중 요한 타울러(Johann Tauler)와 이 익명의 저자와의 교제는, 루터가 지금 이 세상에서의 그리스도의 임재에 관한 지혜의 체험(sapientia experimentalis)을 통하여 가시적인 교회의 영역을 초월하는 그리스도의 몸 안에서의 연합을 제시하도록 했다.

지혜(sapientia)는 우리가 보통 이해하는 지혜(sophia)이다. 그러나 대문자로 **지혜**(the Sapientia)라고 할 때 하나님의 성성을 나타내는 궁극적인 지혜, 곧 하나님을 지칭한다. 그러므로 이를 "지혜의 하나님"이라고 번역할 수 있다.

이렇게 하나님을 하나님의 성성으로 이름하는 라인강변의 신비가들과 이 책의 저자가 표기하는 특별한 방법이다.

그리고 체험(experimentalis)이란 "실재(the Real)"를 직접 체험하는 것을 말한다. 관념적인 형이상학으로서의 **지혜**를 탐구해서 아는 것이 아니라, 실재를 체험하는 것으로써 아는 것이다. 이를 시편 저자는 "맛보아 안다"라고 했다: "너희는 여호와의 선하심을 맛보아 알지어다"(시 34:8). 사과 맛에 관해 형이상학적 방법으로 아무리 잘 설명해도 우리에게는 부족하다. 그럴 때, 실제로 사과를 한 입 베물면 금방 알 수 있다. 이것을 직관이라고 한다. 이렇게 독일신학 저자는 지혜의 체험(sapientia experimentalis)을 가르친다.

『독일신학』은 14, 15세기경에 영적 도덕적 삶의 갱신을 부르짖은 집단인 하나님의 친구들(Friends of God)의 가르침과 비슷하다. 그러나 "자유 영의 형제자매들"(Brothers and Sisters of the Free Spirit)의 윤리적으로 의심의 여지가 많은 해방운동과는 상관이 없을 뿐 아니라, 오히려 그들의 주장에 반박하며 기독교를 변증한다.

이 책은 하나님 안에서의 신비생활에 대한 일반적인 관념에서처럼 현실로부터의 도피를 주장하지 않는다. 이 책은 인간사에서 진정한 도덕적 책임을 위한 하나님 안에서의 참된 안식에 대한 지침서이다.

수 세기에 걸쳐서 마틴 루터에 의해 소개된 『독일신학』의 익명의 영적 지도자는 14, 15세기에서와 마찬가지로 오늘날도 우리에게 필요한 교훈을 주고 있다.

이 책에서는 56개의 짤막한 문장을 통해 영혼과 그리스도와의 관계, 우리의 본성을 통해 역사하는 마귀의 간계, 영적 삶을 구하는 사람의 길에 놓인 장애물들, 독선과 교만, 구속받지 못한 본성이 십자가에 못 박히는 신화(神化: divinized)의 과정, 그리스도인으로서 삶의 표식, 규칙으로부터의 해방과 규칙의 속박 등에 관해 묘사한다.

그래서 제1장에서는 하나님의 완전함이 우리에게 임할 때, 불완전한 우리 거짓 자아가 사라진다.

> 그렇다면, 온전한 것과 부분적인 것은 무엇입니까? 온전한 것(The Perfect)은 자기 안에 모든 것을 품고 포함하며, 자기의 존재 안에 존재하는 모든 것을 품고 포함하시는 분(Being)이십니다. 이분이 없이, 그리고 이분 밖에는 참 존재(true being)가 있을 수 없습니다. 그리고 이 존재는 만물의 중심(the core of all thing)이므로 만물이 그 안에서 존재를 갖습니다. (제1장)

이 글은 마치 4세기 사막의 교부 중 사부 모세가 서방에서 온 요한 카시아누스를 만났을 때 첫 질문을 연상하게 한다.

"당신들은 이국땅에서 우리처럼 거칠고 교양 없는 사람들과 함께 살기 위해서 조국과 가족, 그리고 세상의 모든 것을 포기했습니다. 당신들이 이렇게 행하기 위해서 세운 목적과 목표가 무엇인지 말해 보십시오." …사부는 이렇게 말씀하셨습니다: "우리가 말한 대로 신앙고백의 목적은 하나님의 나라입니다. 그러나 그것의 직접적인 목표는 깨끗한 마음입니다. 이것이 없으면 목적에 도달할 수 없습니다.(『필로칼리아』 제1권, 148쪽).

"온전함"은 하나님의 성성 중 하나이며, 하나님의 나라의 특성이다. 온전함을 사부 모세의 교훈에 대입하면, 우리 몸(soma)에 온전함이 이루어진다는 것은 하나님의 나라가 구현된다는 것과 마찬가지다.

이렇게 독일신학의 저자는 우리 인간에 하나님의 온전하심이 임할 때, 인간의 불완전함이 사라질 것이라고 했다. 이 불완전함은 완전함에서 파편이 되어 떨어져나온 것이다. 그러므로 불완전한 우리 인간은 온전하신 하나님께로 나아가서 연합을 이루어야 온전해진다: "그러므로 하늘에 계신 너희 아버지의 온전하심과 같이 너희도 온전하라."(마 5:48).

"완전하다"라는 말에는 불완전함이 있음을 암시한다. 우리 인간을 불완전하게 하는 요인은 무엇인가? 독일신학의 저자는 그것을 "죄"라고 했으며, 4세기의 동방 교부들은 헬라 철학 용어로 "정념", 또는 "악한 생각들"(막 7:21)과 동격을 보았다.

이 불완전함의 원인은 죄이며, 영혼의 불순물이다. 완전함에 이르는 길, 하나님의 나라 구현을 위해서는 영혼이 순전해야 하며, 영혼의 불순물을 제거해야 한다. 이 불순물 제거하여 깨끗하게 하는 것을 카타르시스(katharsis)라고 하며, 우리는 회개라고 부른다. 그러므로 정화의 과정에서 회개는 필수이며, 하나님은 우리의 죄에 대한 사과를 받아주신다. 이것이 바로 하나님의 "칭의의 은총"이다.

인간의 회개와 하나님의 칭의의 은총으로 깨끗해진 영혼은 시력을 되찾게 되고, 바로 앞에 이미(already) 계셨던 하나님의 성성이 보이기 시작한다. 이때를 조명의 단계라고 한다. 조명의 단계에 이르렀다고 하더라도, "아직"(not yet) 불완전하므로 회개(또는, 정화)의 삶은 계속되어야 한다. 그렇지 않으면 처음 상태로 되돌아가서 " 나중 형편이 전보다 더욱 심하게"(마 12:45) 된다.

> "마음이 청결한 자는 복이 있나니 그들이 하나님을 볼 것임이요"(마 5:8).

히브리인에게는 "본다"란 "안다"(yada)와 같은 의미이며(창 4:1 참조), 하나님과의 연합을 의미한다. 그래서 독일신학의 저자는 죄의 정화와 성령의 조명과 신인 연합이라는 신비가들의 말하는바 영적 여정을 말하고 있다.

> "…정화되고, 징계를 받고 해방되기 전에는 누구도 조명을 받을 수 없음에 주목하라. 마찬가지로, 조명을 받지 않은 사람은 하나님과 연합할 수 없다. 그렇기 때문에 세 단계가 존재하는 것이다. 첫 단계는 정화요, 다음은 조명이요, 세 번째 단계는 연합이다."(제12장).

루터는 "신비적 탐구"에 따르는 위험을 인정한다. 구도자는 쉽게 표면적인 의무의 실천을 벗어버리며, 그럼으로써 미혹되어 자신이 성령의 지배를 받고 있다고 생각하지만 실제로는 악령의 지배를 받을 수 있다. 참빛과 거짓된 빛이 있다(제20장).

이러한 망상의 근원은 자기 자신을 신뢰하는 데 있다. 하나님과의 합일을 향한 신비적 탐구에는 위험이 따르지만, 연합은 가능하다. 신비가들은 하나님의 본질을 알 수 있다.

"하나님은 단순한 선이요 내적 지식이요 빛이시므로, 동시에 하나의 의지, 사랑, 의, 진리, 가장 깊은 덕이십니다. 이것들은 모두 상이한 것이지만, 하나님 안에서 하나이며, 피조물이 없으면 구체적인 선이 실현되거나 행동으로 실천될 수 없습니다. 피조물이 없이 하나님 안에 있는 선은 행위가 없이 시작되어 존재하는 것에 불과합니다."(제30장).

『독일신학』은 두 가지 요소, 죄와 기독론을 강조함으로써 매우 기독교적인 맥락에서 이러한 확신을 제시한다.

"그러나 나는 아담이 타락하고 버림을 받은 것은 그의 주제넘음, 그리고 그의 자기중심주의 때문이라고 생각합니다. …하나님께서 세상에 있는 모든 인간을 택하셔서 그들 안에서 인간이 되시고 그들이 하나님 안에서 신화된다고 해도, 그 일이 내 안에서 일어나지 않으면, 나의 타락과 배교는 결코 치유되지 못할 것입니다. 그 일은 반드시 내 안에서 발생해야 합니다."(제3장).

새로운 아담이신 그리스도는 이 딜레마의 해결책이시다. 기독론은 하나님에 대한 교리이다.

"하나님은 인간이 되시고, 인간은 신화(神化; divinization)되었습니다."(제3장).

그러나 하나님은 사람을 이 지옥에 내버려 두지 않으십니다. 하나님은 그를 자기에게로 데려가십니다(제11장).

인간은 하나님에 대한 참된 순종을 위해 지음을 받았으므로, 하나님에게 순종해야 합니다. 이 순종은 아담 안에서 죽어 사라졌으며, 그리스도 안에서 다시 살아나고 회복되었습니다. 불순종은 아담과 함께 살아났고, 그리스도와 함께 죽었습니다."(제13장)

근본적인 해결책은 자기-신뢰를 부인하는 것, 즉 믿음이다. 먼저 필요한 것은 주님을 예비하는 길을 갈망하는 것, 그 길에 대한 부지런하고 견고한 결심이다. 그것은 십자가의 길이다.

"그리스도를 따르려면 십자가를 져야 합니다. 십자가는 그리스도의 삶과 동일한 것이며, 자연인에게는 쓰라린 것입니다."(제52장).

그것은 지옥을 받아들이는 것이기도 하다. "그리스도의 영혼은 천국에 가기 전에 지옥을 방문해야 했다. 인간의 영혼도 그 길을 가야 한다."

"나의 타락도 동일한 방법으로 고쳐져야 합니다. 하나님이 없이 내가 그 일을 할 수 없고, 내가 없이 하나님이 그 일을 행하거나 명하시거나 원하시지 않습니다. 그 일이 발생하려면, 하나님이 내 안에서 인간화되셔야 합니다. 이것은 곧 하나님께서 내 안에 있는 모든 것을 취하셔야 하며, 그럼으로써 내 안에 하나님을 거부하거나 하나님의 사역을 방해하는 것이 전혀 없어야 한다는 것을 의미합니다."(제3장).

자아가 하나님께 순종하면, 하나님께서 영혼 안에서 영혼을 통해서 일하시는 것을 허락하신다. 심지어 말썽꾸러기 자아도 목적을 발견한다.

내적인 순종은 영혼에 안정-"하나님과의 참된 연합이 이루어질 때, 속사람은 존재의 깊은 곳에 영구히 뿌리를 내립니다"(제26장)-을 주며, 현재의 성장에 대한 희망-"이것을 알고자 하는 사람은 자신이 알고 있는 상태에 이를 때까지 기다려야 합니다"(제19장)-과 영원에 대한 희망-"결국 지옥은 떠나고 천국이 남을 것이기 때문입니다"-을 준다(제11장).

당시 서방 기독교에서 간과했던 부분이 바로 이러한 신앙 관점이었다. 성례와 성사를 강조했던 로마 가톨릭에서는 평신도들은 알지도 못한 라틴어로 집례하는 예배에 참여했을 뿐이지, 성경의 깊은 진리에 직접 접근할 수 없었다.

라인강변의 신비가들은 베긴과 베가드들을 이러한 신학적인 체계로 가르쳤고, 그중 요한네스 타울러는 "하나님의 친구들"의 지도자가 되었다.

이 책은 이름 없는 독일의 어느 수도사였다. 이 책에서 그를 프랑크푸르터(Frankfurter)라고 부른다. 그는 자신의 이름을 밝히지 않은 데 두 가지 동기로 본다. 하나는 저자 자신의 이름이 쇠하고 하나님의 이름이 흥하기를 바라는 것이다: "그는 흥하여야 하겠고 나는 쇠하여야 하리라"(요 3:30). 또 하나는 육신의 안위를 위한 것이다. 당시에 독일신학과 같은 내용의 글에 필자 명을 밝힌다는 것은 파문에 이르는 길이었다.

기독교회사에서 항상 제도교회의 지도자들과 신비 체험가들과 마찰이 생겼다. 이것은 영적 생리적 현상이다.

제도교회 지도자들은 예배와 성사를 통해서 가르치지만, 하나님의 진리를 실제로 맛보고 체험한 신비가들은 중간 매개 없이 직접 하나님에게로 나아갔다. 이 둘 간의 갈등은 필연적이다.

독일신학에서는 성례를 부정하지는 않았지만, 하나님께로 직접 나아가는 직관의 길을 제안했다. 그것이 바로 제1장에서 언급한 온전함(하나님을 지칭함)이 불완전한 우리 인간에게 임할 때, 우리도 온전해진다는 취지의 가르침으로 시작한 것이다.

하나님을 아는 길, 온전하신 하나님께로 나아가는 길에는 크게 두 가지 길이 있다.

하나는 신학적 개념과 논리로 탐구하는 길이다. 이 길을 오늘날 보통 시행하는 보편적 방법이다. 교실에서, 인간의 감각과 감정을 선용해서 하나님을 알아가는 길이다. 이 길을 "긍정의 길"(kataphatic way)이라고 부른다. 우리는 보통 긍정의 길을 걷는다.

그런데 문제는 논리적으로 생각하고, 인간 감정과 기억이 혼탁해졌을 때 문제가 생긴다. 하나님으로 알았고, 하나님께 기도하고, 하나님은 은혜로 느꼈던 감정과 이성에 사악이 개입되어 있거나, 사악하게 이미 형성되어 있다면 그 결과는 심각하다. 자기도 모르게 이단이며 배교를 저지르며 사악한 마귀를 경배한 결과를 낳을 것이다. 그러므로 열매를 보아야 한다(마 12:33 참조).

그래서 우리는 인간 감정과 이성과 기억을 일단 의심해 봐야 한다. 하나님이라고 여겼거나, 하나님이 주신 감정을 일단 의심하고 살펴보는 태도가 필요하다. 이 길은 "부정의 길"(apophatic way)이라고 부른다.

우리는 이 두 길을 동시에 걸어야 한다. 돌다리를 두드리며 건너야 하기 때문이다.

그런데 문제는 사악한 정념에 물든 정신은 두드릴 정신조차 없다는 것이다. 이 일은 교회 지도자와 영적 지도자가 감당해야 할 일이다. 깨우치고, 각성시키고, 예수님의 삶에 바른 이해와 개념을 심어주어야 한다. 이 일에 게으른 교회는 "회칠한 무덤"(마 23:27)이며, 영적 인도자는 "뱀과 독사의 새끼들아"(마 23:33)라는 비난을 면치 못할 것이다.

나는 이 시대가 마틴 루터가 종교개혁의 소용돌이 중간에 이 책을 발견하고 재편집해서 출간했을 14세기와 다를 바가 없다고 본다.

나는 또 다른 프랑크푸르터, "이름 없는 대한민국기독교인 중 무명인"이 나타나기를 고대한다.

"파수꾼이 아침을 기다림보다 내 영혼이 주를 더 기다리나니 참으로 파수꾼이 아침을 기다림보다 더하도다"(시 130:6).

2021년 한더위 속에서
역자

개론

저자 미상에 대하여

우리는 지금 익명의 저자가 쓴 하나님 안에서의 삶을 위한 책을 보고 있다. 보다 오래된 사본들이 계속 발견된다고 해도 여전히 익명의 저자라는 사실은 불변할 것이다. 왜냐하면 저자 미상이라는 상황은 이 책의 저자가 표현하는 방식이며, 동시에 그에게는 중요한 생존의 문제였기 때문이다.

저자가 이름을 숨긴 것은 기독교인으로서의 삶이었다. 그는 하나님께서 자기를 통해서 "이 책에서 말씀하신다"고 믿는다. 루터 역시 자신이 편집한 글의 서문에서 스스로를 "어리석은 자"라고 언급한 것과 같은 이유일 것이다. 자기의 이름을 내세우지 않는 것은 하나님을 앞세우는 하나의 표현 방법이다. 어떻게 보면 어리석은 생각인지 모른다. 어떤 사명을 실천하는 데 있어서 자신의 이름을 기록했다고 해서 무엇이 달라지겠는가? 결국 중요한 것은 사명 자체이다.

그러나, 이 책에 익명을 사용한 것은 육신의 생존과 관련이 있었을 수도 있다. 중세 말에 일어난 개인적인 교회 갱신 운동에 대해서 기성교회는 좋게 보지 않았다. 어떤 신비주의 지도자들의 전기를 보면 그들은 항상 기성교회의 감시 아래 있었으며, 교회의 제도에 대한 충성과 학문적

이성적 순수성의 요구에 순순히 응하지 않았다고 해서 그들의 가르침에 대해 이단성을 의심받고 있었다.

따라서 루터의 1516년 판 서문에서 "이 책을 쓴 사람이 누구인지는 하나님만이 아신다"라고 했다. 루터도 이 책의 자료에 대해 구체적인 지식이나 정보가 없이 읽어야 했다. 저자는 튜턴 기사수도회(Teutonic Order)에 속해 있었으며, 프랑크푸르트 암 마인(Frankfurt am Main)에 있는 본원(本院)의 사제이며 감독으로 지냈다는 것으로 짐작된다. 이 기사 수도회는 십자군 원정과 예루살렘에서의 활동 후, 병자를 돌보고 거짓 신앙에 대적하여 싸우려는 두 가지 목적을 가진 봉사 및 전도단으로 개편되었다. 이 수도회의 제복은 흰색 가운에 검은 십자가가 그려져 있었으며, 수도회원들은 기사와 사제, 그리고 봉사하는 수사들로 구분되어 있었다. 독일 귀족들만이 기사가 될 자격이 있다. 이 수도회는 많은 영토를 받았다. 1300년대에 이들의 사역의 중심지가 독일의 서부 도시들로부터 동프러시아(East Prusia)로 옮겨졌는데, 아마 루터는 1516년에 프러시아에 있던 튜턴 수도회를 통해서 『소 독일신학』을 입수했을 것이라고 추측된다.

『독일신학』이 14세기 중반에 저술되었다고 생각하는 데에는 몇 가지 이유가 있다. 그 중, 이 책에서 언급하고 있는 대부분의 역사적 특별한 상황은 그 시대의 상황과 일치한다.

지금까지 이 책의 익명의 저자에 대해서 논했다. 이어서 『독일신학』에 표현된 것과 같이 1300년대 초 『독일신학』에 표현된 하나님과 인간에 대한 사상을 받아들인 사람들이 세상에 알려지지 않는 것이 현명하다고 생각한 이유를 다루고자 한다.

파문

부분적으로 『독일신학』의 배경은 1300년대 초에 있었던 교황과 세상 권력 사이의 갈등, 즉 성직(*sacerdotium*)과 왕권(*imperium*) 사이의 싸움이다. 1328년, 아비뇽 교황청으로부터 인정을 받지 못했던 바바리아의 루이(Louis of Bavaria)가 군대를 이끌고 로마를 점령하고 스스로 황제에 오리기 위해 대관식을 거행하면서, 또 하나의 교황을 선출했다. 아비뇽에 있던 교황은 이러한 황제와 교황을 파문하고, 루이가 집권하는 관활에 있는 성직자들에게 성무를 집행하지 못하도록 신을 지지하는 했다. 이 싸우던 시기의 역사적 상황을 살펴보자. 프레드릭은 뚜렷한 이유 없이 교황 요한 22세의 지원을 받았다. 교황권의 역사에 있어서 아비뇽 시대(1309~1377)는 게르만 영지 내에 교황의 영향력을 증대시키기 위해서 교황이 프랑스를 무척 의지하던 때였다. 교황의 신임을 받지 못한 루이는 자기 제국 내의 선거후들의 지지를 확보하려 했다. 따라서 그는 그다지 탐탁하지 못한 지위를 최대한도로 이용해야 했다. 그는 절대 주권을 주장하는 교황의 요구와, 이에 대항하는 독립된 주들의 야망 사이의 긴장 속에서 통치해야 했다. 그는 후자와 운명을 같이 했기 때문에 싫든 좋든 교회 개혁을 위한 운동에 가담해야 했다. 세상 통치자들이 교회의 행정적 속박으로부터 벗어나려고 노력하는 시기에는 교회를 전제적으로 통치해야 하는 가, 아니면 민주적으로 통치해야 하는가 라는 것이 생생한 문제로 대두되었다.

1322년에 프레드릭이 사망한 후, 루이는 게르만 왕국의 유일한 통치자가 되었다. 그는 제국 내의 상태를 개선하기 위해서 교황과의 화해를 시도했다. 그러나 교황 요한 22세는 타협하려 하지 않았고, 루이의 왕위를 인정하지 않았다. 그리하여 왕은 군사 공격을 개시하여 처음에는 북부 이탈리아를 공격했고, 그리고 난 다음 로마를 공격했다. 그는 로마에서 스스로 왕위에 올랐고, 하나의 "대응" 교황을 임명했다.

이 사건의 가장 심각한 결과는 "파문"이었다. 1324년의 파문령에 따라서, 루이를 비롯하여 그에게 충성하는 사람들 모두가 파문되었다. 14세기 중엽까지 유럽의 기독교인들은 파문의 그늘 아래서 살았던 것이다.

루이 황제는 백성에게 이 일에 관심을 두지 말라고 했다. 도시의 평신도들은 교황에 대한 저항에 찬성했다. 그러나 성직자들은 대체로 교황 편을 들었다. 결과적으로, 평신도들이 황제의 편을 든 지역에서는 여러 해 동안 별다른 교회의 사역 없이 지냈고, 공중 예배도 정지되었으며, 세례와 종부성사만 거행되었다.

15년 동안의 파문 기간에 발표된 제국의 포고문은 여러 영주들의 지지를 받았다. 그것은 황제의 주장을 옹호하고, 루이에 대한 교황의 비난을 거부했으며, 루이가 선거후들에 의해 정당하게 선출된 황제라고 선언했고, 이 메시지를 받아들이지 않는 모든 사람을 반역자로 규정했으며, 이에 불순종하는 단체나 개인에게서는 공민권을 박탈했다.

이 포고문은 공공연한 도전을 선언한 것이었으며, 대중으로부터 많은 지지를 받았다. 이는 저물어 가는 중세 시대 교회의 전반적인 분위기를 보여 준다. 그러나 황제의 행동은 사태를 악화시켰다. 한 예로 스트라스부르그(Strausbourg)에서 황제에게 충성한 도미니크 수도사들과 프란시스코 수도사들은 교황의 파문 위협에도 불구하고 여러 해 동안 미사를 거행했었다. 그러나 황제의 포고는 그들에게 교황청에 공공연하게 도전할 것을 요구했다. 그들은 미사를 계속하지 못하고 그곳 행정관에 의해 축출되었다.

이러한 이중의 추방의 구름 아래서 많은 성직자들과 수도사들은 유럽 대륙의 끊임없는 유랑객이 되었다. 그들 중 어떤 이는 고해성사를 받아 주고서 생계를 유지했다고 하며, 돈을 그리 탐내지 않는 사람들은 "하나님의 친구들"(Friends of God)이라는 신앙 부흥 집단에 가입했다. 또 몇몇 도시의 사제들은 세상의 명령에 저항하지 않는 편을 택했다. 그들은 여러 가지 이유 때문에 아비뇽의 진노에도 불구하고 거룩한 예식을 거행하는 의무를 수행했다.

전반적으로 교회의 제도와 질서에 대한 신뢰가 쇠퇴하고 있었다. 이러한 사태를 초래한 부분적인 원인은 르네상스 인문주의에 있다. 그러나 사제들과 수도사, 그리고 교회 구조 안에서 증가한 물질주의와 세속주의가 큰 역할을 했음이 분명하다. 영적 갈망은 기성 교회가 아닌 다른 통로를 통하여 자주, 그리고 쉽게 표현되었다.

『독일신학』의 배경이 되는 것은 당시에 닥친 재앙이다. 1300년대 초반은 지진, 태풍, 흑사병 등으로 어려움을 겪던 시기였다. 예를 들면, 요한 타울러는 흑사병으로 죽어가는 사람들을 위해 자비의 봉사 사역을 실천했다.

우리는 14세기로 들어가면서, 르네상스 시대의 사람들은 낙관주의의 단점을 발견하기 시작했다고 말할 수 있다. 확실한 발전에 대한 믿음을 상실하기 시작했다. 만일 르네상스 시대를 산 사람이 하나님의 섭리에 관한 교회의 가르침을 받았다면, 그는 주요한 불행을 하나님의 심판으로 보려 했을 것이다. 불행을 피하기 위해서 많은 미신이 나타났다. 사람들은 재앙을 임박한 종말을 예표하는 것으로 여기려 했다. 사람들은 존경을 받던 13세기의 황제 프레드릭 2세가 재림하여 사회 정의를 실현하고, 교회와 국가의 타락을 책망할 것으로 기대했다. 중세 말기의 연대기에는 당시의 평화 행진에 대해 기록되어 있다. 계속되는 불경건을 경고하는 사명을 가지고, 열렬한 기도와 모든 사람의 참된 회개로써 재앙을 모면할 수 있기를 바랐으며, 통회를 표현하기 위해서 무리를 지은 사람들은 남유럽을 횡단하였다.

이러한 재앙을 당하면 그 책임을 특정인에게 덮어씌우고 비난하려는 것이 인간의 심리이다. 유대인들이 이에 대한 희생제물이 되었다. 유대인이라는 사실 자체만으로도 모든 재앙에 대한 비난을 받을 수밖에 없었다. 이러한 현실 도피라는 상황은 매우 불행한 시대에 일어난 듯하다. 14세기에 두려움에 쌓인 그리스도인들이 유대인들을 화형에 처한 사건은 입으로는 주님을 찬양하면서도 마음은 주님으로부터 멀어질 수 있다는 것을 보여 주는 하나의 예라고 볼 수 있다. 어쨌든 우리가 다루는 이 책이 저술되던 시대에는 두려움에 떠는 사람들을 불에 태워 죽이는 것만이 제반 문제를 해결할 수 있는 매우 흔한 해결책이었다. 파문 사건이 있기 전에 프랑스의 왕 필립은 그가 탐내는 땅을 소유하고 있던 프랑스의 템플러 수도회에 대한 보호를 중지하라고 교황에게 강요했었다. 그 과정에서 그는 파리에서 주교 대리를 포함한 수도회의 기사들을 화형에 처했었다.

파문 사건은 해결되지 않은 영적 문제들을 폭로할 수 있는 세력을 품어 준 사건이었다. 그것은 교회의 후원 아래 이루어지는 문화의 통일이라는 것이 얼마나 보잘것없는 것인지를 보여준 사건이었다. 인간의 삶에 대한 불확실성은 더욱 뚜렷해졌다. 사람들은 요한복음에 기록된 바 이 세상에서 이용할 수 있으며, 자신의 외면적으로만 아니라 내면적으로도 이용할 수 있는 영생에 대한 징표와 체험을 더욱 고대했다.

하나님의 친구들

중세 말기의 혼란 속에서, 그리고 그에 대한 반동(反動)으로서 조용한 영적 생활의 부흥 운동이 일어났다. 많은 사람은 "하나님 현존의 훈련"을 통해서 하나님이 우리에게서 멀리 계시지 않음을 발견하였다. 인생의 흥망성쇠에 적응하려면 관상(觀想)을 통해서 더 높은 세계로부터 오는 능력과 사랑을 공급받아야 한다. 내면의 평화를 주는 영생은 "여기 지금" 있다는 것은 많은 사람이 영적으로 재발견한 것이었다. 하나님 현존의 경험을 나타내는 신학 용어는 "지혜의 체험"(sapientia experimentalis)이며, 마틴 루터는 이 단어를 칭의를 설명하는데 사용했다.

네덜란드에서 이탈리아와 헝가리에 이르는 유럽의 여러 지역에서 헌신과 토론을 위해 모인 소그룹에서는 여러 가지를 발견했다. 지역 모임들 간의 관계는 행정적으로 치밀하거나 공식적인 것은 아니었지만, 이 운동에 참여한 사람들은 서로 깊은 유대 관계를 유지했다. 앞에서 언급했듯이, 일부 유랑하는 사제들이나 수도사들도 이 운동에 개입했으며, 정보와 격려하는 편지들을 주고받았다. 쾰른, 스크라스부르크, 그리고 발레는 12, 13, 14세기의 관상적 신비신학 부흥의 중심지가 되었다. 많은 지도자들은 도미니크 수도회에 속한 사람들이었다.

14세기에 신비적 갱신 운동에 참여한 대부분의 사람은 자신들을 "하나님의 친구들"이라고 불렀다. 그것은 요한복음 15장 15절에 "이제부터는 너희를 종이라 하지 아니하리니 종은 주인의 하는 것을 알지 못함이라 너희를 친구라 하였노니 내가 내 아버지께 들은 것을 다 너희에게 알게 하였음이니라"라고 하신 말씀에서 유래된 것이다.

"하나님의 친구들"은 자기부인, 인간의 내면에서 성령의 사역을 통하여 계속되는 하나님의 계시, 하나님과 인간의 궁극적인 연합 등을 가르쳤으며, 공포을 불러일으키거나 공리적(功利的)인 신앙을 배격했다. 그들은 "자유 영의 형제자매들"이라는 집단의 자유주의적, 도덕률 폐기론적, 반 교회적 사상을 공공연하게 대적했다. 『독일신학』도 소위 "자유 영의 형제자매들"의 영향력에 대한 반작용으로 저술된 것이다.

"하나님의 친구들"은 하나님 앞에서는 평신도나 성직자가 모두 동등한 위치에 있으며, 교회의 조직은 기독교적 영적 훈련을 위해서만 필요하다고 생각했다.

성직자와 평신도의 근본적인 구분이 없으므로 성차별도 없었다. 지도자들 중 일부는 여성들이었다. 아우그스부르그(Augsburg) 옆에 있던 엔겔탈(Engeltal) 수녀원과 누렘부르그(Nuremburg) 근처에 있는 마리아-메딩겐(Maria-Medingen) 수녀원이 이 운동의 중심부 역할을 한 것으로 보인다. 이 두 수녀원의 원장이었던 에브너(Ebner) 자매가 쓴 편지에는 하나님의 친구들의 전통 안에 있는 영적 조언들이 가득 차 있다.

『독일신학』을 읽는 사람들은 중세의 국제적이고 경험적인 기독교의 지혜의 공동체에 관한 간접적인 언급을 많이 발견하게 된다. 실제로 이 책의 간략한 서론과 익명의 저자는 암호나 열쇠 역할을 하는 표현을 사용한다: "하나님은 그의 친구를 통하여…이 작은 책을 말씀하셨다."

하나님의 친구들은 남의 눈에 뜨이지 않으려 했는데, 이는 그들이 반 교회적이기 때문이 아니라, 교회의 긍정적 의식주의를 위협하는 것처럼 보이는 내적 방법을 강조했기 때문이었다. 결과적으로, 그들은 비슷한 정신을 가진 영혼들의 영적 교제를 더 중시했다. 당시 편지, 서적, 조리법, 약재, 빨간 색으로 예수님의 이름을 수놓은 흰 손수건 등을 통해서 공동체간의 교류가 이루어졌다. 마이스터 에크하르트(Meister Eckhart)는 그의 청중들에게 같은 정신을 가진 영혼에게만 마음을 열 수 있는 경건한 사람들을 영접하라고 권고하면서, 그러한 사람들을 많이 가지고 있는 나라가 복되다고 했는데, 이는 하나님의 친구들을 염두에 두고 한 말이었다.

물론 때로는 왕권과 교권 사이의 불확실한 관계 때문에 어느 정도의 비밀 엄수가 권장되었다.

마틴 루터가 좋아했던 중세 신비가 중에는 『독일신학』의 저자인 프랑크푸르터(Frankfurter)와 스트라스부르크의 요한 타울러가 있다. 타울러는 『독일신학』에서 간접적인 역할을 발휘한다.

타울러는 1361년에 죽을 때까지 라인강 변의 몇몇 도시에서 복음을 전한 도미니크 수도회의 수도사이며 사제였다. 1324년에 파문령이 선포되었을 때, 타울러는 성직자들에게 직무를 포기하지 말라고 호소하는 글을 썼다. 그는 "황제가 교회에 잘못을 했다면, 황제가 책망을 받아야 하지 않는가? 왜 그 때문에 백성들이 고난을 받아야 하는가?"라고 했다.

타울러는 자신의 충고를 스스로 실천하였다. 14세기 흑사병이 창궐하던 가장 암울한 시기에, 이 신비가는 스트라스부르그에 머물면서 병자들과 죽어가는 사람들에게 실질적이고 영적인 도움을 주었다.

스트라스부르그의 니콜라스(Nicholas)는 타울러의 절친한 친구였다. 그의 설교들을 연구해 보면, 그가 이 『독일신학』을 배출한 비밀 형제 자매회의 회원이었다는 것을 쉽게 발견할 수 있다. 그는 스트라스부르그에서 태어났으며, 쾰른에 있는 수도원의 지도자가 되었고, 마지막에는 독일 영토 안에 있는 모든 도미니크 수도원을 보살피는 감독, 또는 교황의 대사가 되었다.

이 시점에서 하나님의 친구들이라는 운동은 결코 종교회의나 통치권을 찬성하는 운동이 아니었다는 점에 주목해야 한다. 앞에서 언급한 바와 같이, 니콜라스와 같은 회원들은 교황청에 계속 충성했다. 또 뇌르들링겐의 하인리히와 하인리히리 소이세(Heinrich Suso)는 교황에게 충성했다는 이유로 추방당했다. 뇌르들링겐의 하인리히는 엥겔탈에 있는 도미니크 수녀원의 크리스티나 에브너(Christina Ebner), 그리고 마리아 메딩겐 수녀원의 마가르타 에브너(Margarta Ebner)와 서신을 교환했다. 그의 편지 중 다음과 같은 내용이 있다:"우리의 사랑하는 아버지 타울러를 위해 기도해 주십시오. 그분은 내가 알고 있는 어느 선생보다도 전심으로 진리를 가르치기 때문에 끊임없이 큰 고통 중에 있습니다."

물론 고통의 원인은 타울러의 경고를 거부한 사람들의 조롱 때문이었다. 뇌르들링겐의 하인리히는 세속적인 사제로 묘사되어왔다.

콘스탄스 호수 주위 지방 출신인 하인리히 소이세는 18세 때 콘스탄스에 있는 도미니크 수도원에 수련수사로 입회하였다. 그는 수도원 규율에 철저히 순종하는 중에 회심을 체험했다. 그는 "갑작스러운 변화에 의해 나는 쇠사슬로부터 놓임을 받았다"라고 했다. 그 후 그는 수도사들의 무의미하고 허망한 생활을 한층 분명하게, 그리고 고통스럽게 보았고, 그들의 방종에 반대했다. 10년 동안 그는 엄격한 고행을 실천했다. 건강이 극도로 악화되었을 때 그는 환상을 통해서 고행을 포기하라는 음성을 들었다. 그리하여 그는 자기 목을 묶었던 줄과 가죽띠와 쇠못으로 된 속옷, 못이 박힌 장갑, 못이 튀어나온 나무 십자가를 강물에 던져 버렸다. 그는 40세 때 고행 생활을 온전히 청산하고 순회 전도자가 되었으며 "하나님의 친구들"에 합류했다. 1339년에 제국의 칙령에 따라서 콘스탄스 시의회가 교회의 의식들의 회복을 명했기 때문에, 그는 한층 더 자유롭게 여

행할 수 있었다. 다른 도미니크 수도사들처럼 수소도 교황의 파문령을 준수하기로 결심했다. 결국 그들은 콘스탄스에서 추방되었다.

타울러는 하나님의 친구들의 고해신부가 되었는데, 스트라스부르그의 룰만 메르스빈(Rulmann Merswin)도 그중 하나였다. 그는 유력한 가문에서 태어나 방탕하고 세속적인 생활을 했었다. 그러나 그는 아내와 함께 자기들이 활동하던 사업장을 떠나 자유로운 단체에 합류하기로 결심했다. 그리고 타울러는 메르스빈의 고해신부가 되었다.

메르스빈은 스트라스부르그 근처에 있는 그뤼너 뵈르트라는 오래된 수도원을 구입했다. 그는 이곳을 영적 피정 센터로 생각했고, 그곳의 실질적인 지도자가 되었다. 그러나 후일 이곳은 공식적으로 성 요한 기사 수도회의 소유가 되었다. 메르스빈은 경건 서적과 기적 이야기를 남겼는데, 그것들의 기원과 역사적 신빙성은 불확실하다. 그는 자기가 가지고 있는 몇 권의 책이 "하나님의 위대한 친구인 평신도"에 의해 저술되었다고 주장했다. 어떤 사람들은 오벌랜드(Oberland) 출신의 이 친구가 발레의 니콜라스(Nicholas of Bale)였을 것이라고 주장하는데, 이에 대한 전문가들의 의견은 분분하다. 타울러의 생애를 다루었다고 생각되는 『스승의 책』(*Meisterbuch*)은 많은 논란의 대상이 되어 왔다. 실제로 일부 학자들, 특히 데니플(Denifle)은 성직자 중심의 시대에 평신도 지도자의 합법성을 강조하기 위해서 그 책을 저술했다는 결론에 이르렀다. 반면에, 메르스빈이 남긴 문학적 유산에 따라 대륙 전체에 막대한 역향을 미친 이 익명의 하나님의 친구는 수년 동안 순례하면서 영적 상담을 하다가 교회의 명령에 따라 비엔나에서 화형을 당한 발레의 평신도 니콜라스일 것이라는 주장도 있다. 어쩌면 "하나님의 위대한 친구"였던 이 평신도는 발레의 니콜라스가 아니라 메르스빈 자신일지도 모른다. 앞에서 언급했던 카톨릭 학자인 데니플은 룰만 메르스빈이 모든 사람을 속였으며, "하나님의 친구"에 대한 모든 글을 저술한 사람은 메르스빈이라고 주장했다. 반면에, 개신교 학자인 슈미트(K. Schmidt)와 프레거(Preger)는 메르스빈의 사본 중에서 그뤼너 뵈르트에서 발견된 타울러의 전기는 타울러 자신이 쓴 것이라고 주장한다. 이 논쟁은 19세기에 시작되었지만, 20세기에 이르러서도 메르스빈의 주장의 신빙성과 관련된 문제는 아직 해결책을 찾지 못하고 있다.

나는 두 가지 이유에서 이 문제에 관심을 표명했다. 첫째, 타울러의 생애에 관한 많은 기사에 "오버발드 출신의 신비한 평신도"를 통한 그의 회심 이야기가 포함되어 있기 때문이다. 그러나 이것이 역사적 사실인지는 확실하지 않다. 둘째, 룰만 메르스빈이 말재주가 좋은 사람이었고, 또 타울러와 "하나님의 친구들"의 진정한 친구였다면, 그는 때로는 실질적이고 구체적인 것처럼 보이는 것, 즉 뚜렷한 결함이 없는 성인전(聖人傳)을 통해서 사실을 제공하기 때문이다. 신빙성이 입증된 타울러의 저술에는, 끊임없이 자기에게로 향하려는 인간의 경향에 대한 인식이 있다. 『독일신학』의 저자도 그러한 통찰을 가지고 있다.

메르스빈이 묘사한 하나님의 친구들 중 몇몇 인물이 실존하는 인물이 아니지만, 영적 동지들의 자유로운 모임은 분명히 실존한다.

물론 그리스도 이전에도 "친구들"이라는 용어는 특별히 하나님의 인도하심과 현존과 심판을 크게 의식하면서 사는 사람들을 묘사하기 위해 사용되었었다. 예를 들면, 아브라함은 하나님의 친구라고 언급된다. 또 예수님은 진실로 자기를 따르는 사람들을 친구로 여기셨다. 알렉산드리아의 클레멘트와 크리소스톰은 순교자들을 하나님의 특별한 친구들로 간주하였다. 토머스 아퀴나스는 우정의 본질에 관해 논하면서, 그 용어의 의미는 궁극적으로 하나님과 인간의 관계로부터 파생된 것이라고 주장했다.

그러나 14세기에, 이 용어는 보다 뚜렷한 윤곽을 취했다. 그 이유는 "자유로운 사상, 즉 종교적이고 실존적인 것들에 대한 인문주의적이고 세속적인 논법"의 출현이었다고 밖에 볼 수 없다. 『독일신학』도 이에 관해 많은 관심을 기울인다. 『독일신학』에서 발견되는 많은 증거에 의하면, 주로 타울러의 영향을 받아 하나님의 참된 친구들과 거짓 친구들 사이의 선을 긋고 영적 싸움이 시작된 것 같다. 불법적인 거짓 친구들은 "자유영"(Free Spirits)에 속한 사람들이었다. 다시 말해서, 실제로 여기서 다루고 있는 것은 계시와 구속에 대해 상이한 영적, 신학적 접근방법을 의미하는 전문 용어이다.

참 하나님의 친구들은 새로운 분파를 만들 의도가 전혀 없었다. 그러한 관점에서 볼 때, 그들은 로마 교회에 전혀 위협을 주지 않았다. 그러나 교회와 문제의 영적 운동 조직 사이에는 긴장이 있었다. 교황과 황제의 세력 다툼뿐만 아니라, 은혜의 집행자로서의 특권을 질투하며 "친구들"의 설교와 저술에 사용된 일부 무교회적 언어와 용어에 의한 위협도 있었다. 급진파인 베긴(Beguines)과 베가드(Beghards)에 속한 "친구들"이 기존 교회 조직의 불안을 야기했을 가능성이 있다.

그러므로 『독일신학』-그리고 간접적으로 하나님의 친구들-이 특히 1557년에 카스텔리오(Castellio)의 라틴어 번역판으로 출판된 후에 카톨릭의 비판의 대상이 되었을 것이다. 교황은 1612년에 공식적으로 이 책의 출판을 금지했다. 어느 금서목록에서는 『독일신학』을 "매우 불건전한 책"으로 언급하고 있다. 1948년의 로마의 금서 목록은 카스텔리오의 번역판만 비난한다. 또 카톨릭 교회의 학자 요셉 베른하르트(Joseph Bernhart)가 부정확성에도 불구하고 뷔르츠부르그 판을 그의 원문으로 사용한 것도 중요한 일이다. 그가 교회의 공식적인 입장을 전혀 알지 못하고서 그렇게 행동하지는 않았을 것이다. 뷔르츠부르그 판이 원본에 가깝다는 가정을 떠나서, 그것이 루터의 본문보다 전통적인 신학에 더 충실한 것처럼 보였을 것이다. 대부분의 도서관에는 루터의 본문을 근거로 한 번역본보다는 뷔르츠부르그 번역본이 소장되어 있다.

『독일신학』의 신비신학

『독일신학』은 14세기에 있었던 "하나님의 친구들"의 가르침에서 유래된 것이며, 요한 타울러와 밀접한 관계를 갖고 있다고 여기므로, 중세 신비신학의 여러 가지 형태와, 타울러의 스승인 마이스터 에크하르트와 타울러의 사상을 비교해 볼 필요가 있다.

마틴 루터가 칭의의 경험을 지혜의 체험(sapientia experimentalis)이라고 한 것과 같은 맥락에서 본다면 『독일신학』은 신비주의로 구분할 수 있는 경건 서적이다. 그러므로 신비신학 혹은 신비주의가 모두 하나이며 같은 것이 아니라고 해야 한다. 하르낙(Harnack)과 리츨(Ritschl) 이후로 서구의 신학에서는 신비주의는 항상 동일하다고 여겨왔다. 이것은 개신교의 관점에서 보면 이단적인 견해이다. 문맥상으로 보아 여기에서 루터가 영적 동지들을 신비주의자로 보아서 모두 이단이라고 정죄했던 것 외에 다른 말은 이 문제에 너무 깊이 들어가는 것이 된다.

이 점을 보여주는 예가 타울러와 에크하르트 사이의 유사점과 차이점

안에 있다. 인간, 하나님, 그리스도라는 주제들에 대한 몇 가지의 언급으로 말미암아 14세기의 이 두 지도자를 화합시키고 갈라놓은 것이 되었다.

인간 안에는 그를 하나님과 영원히 연합하여 주는 것이 있다. "존재의 근저"(ground of being)는 하나님 자신을 전하고 나타내는 곳이다. 물론 이것은 그리스도가 없이, 그리고 그리스도 밖에서는 실현될 수 없다. 그러나 에크하르트는 인간 안에 있는 무엇이 있어서 자신이 하나님을 위해 조성되었음을 상기시켜준다고 했다. 하나님은 자기 형상을 따라 사람의 영혼을 만드셨다. 영혼은 아직 하나님을 영접할 준비가 되어 있지는 못하지만 하나의 성전이다. 하나님께서 친히 그 성전을 지으셨고, 하나님이 거하실 수 있도록 깨끗해지기를 원하신다. 마찬가지로, 타울도 인간 안에 하나님이 내주(內住)하시므로 이교도조차도 "하나님께서 세상의 창조주요 통치자이심"을 안다고 했다.

이 책의 최초 편집인인 마틴 루터는 『독일신학』에서 발견한 이러한 사상을 그리 어렵지 않게 인간이 죄악되다는 사실과 조화시켰다. 루터의 견해에 의하면, 죄악됨의 의식과 하나님 안에 있는 잠재성의 경험과 하나님과의 친밀성 등이 하나의 구원이다. 인간은 자신이 하나님으로부터 왔음을 상기시켜 주는 기능을 가지고 태어났다. 그 기능이 인간으로 하여금 보이지 않는 것들을 사랑하고 이해할 수 있게 만든다. 그러나 타울러와 에크하르트와 루터의 견해에 의하면, 잠재적으로 하나님의 소유인 생명을 사람 안에서 소생하게 하시는 분은 그리스도이다.

타울러는 신성(Godhead)에 대해서도 에크하르트와 같은 입장을 취하는 듯하다. 모든 존재를 초월한 존재(Being)는 인간의 표현을 초월한다. 선과 악, 지식과 사랑 등은 궁극적인 진리를 설명하기에 적합한 말이 될 수 없다. 신성에 대해서는 무(無)라는 용어를 사용할 수 있을 것이다. 에크하르트의 "하나님 안에는 선도 없고 더 좋은 선도 없고 최고의 선도 없다. 궁극적인 의미에서 하나님이 선하다고 주장하는 것은 마치 태양이 검다고 말하는 것처럼 하나님을 매우 부당하게 다루는 행동이다"라고 선언한 것은 우리의 전통적인 사고방식에는 충격적인 것이다.

타울러도 "하나님은 질서, 존재, 선 …모든 구체적인 것들을 초월하시며, 모든 이름을 초월하신다"고 말했다. 에크하르트와 타울러에게 있어서, 하나님 안에 참여한다는 것은 부분적으로 무(無)의 경험, 구체적인 사물과 관련이 없는 존재(Being), 이 세상의 다원성과 혼동되어서는 안되는 존재의 경험이었다. 이처럼 하나님 배후의 하나님(God-behind-God)에 속한 것을 경험하는 것은 사막을 통과하는 것과 같고, 침묵에 귀를 기울이는 것과 같으며, 깊은 심연 곁에 서거나 그 속에 떨어지는 것과 같다. 신비적인 표현으로는 이 경험을 "영혼의 어두운 밤"이라고 표현한다. 『독일신학』도 동일한 방식으로 모든 이름을 초월하시는 하나님과 대치되는 다양한 세상의 현실을 취급한다. 루터의 "숨겨진 하나님"(hidden God)에 관한 묘사도 신비한 것에 대한 놀라운 경험을 반영한다. 또한 그의 저서 『의지의 굴레』(*The Bondage of the Will*)와, 그 책에서 예정의 문제를 다룬 방법은 우리를 외면하시는 하나님의 얼굴에 대해 말하는 신학적 직관의 예가 된다고 생각한다.

그러나, 물론 타울러나 에크하르트는 하나님에 대해 말할 수 없다고 하는 부정적인 측면만 다루는 것이 아니다. 하나님은 그리스도 안에서 우리에게 오셨다. 그리고 『독일신학』의 표현을 따르자면, 그들에게 있어서 그리스도는 사람을 제자로 삼으시고 그리스도의 생명으로 인도하는 본(本)이 되신다. 그리스도는 하나의 성례(聖禮)이시다. 그리스도는 참지식,

참 분별력과 사랑을 불어넣는 우주의 힘이시다. 결론적으로 하나님과의 연합은 인간의 행위가 아니라, 인간 안에서 이루어지는 하나님의 행위이다. 루터의 기독론도 역사적 그리스도와 신비적 그리스도, *exemplum*과 *sacramentum*을 구분한다.

타울러와 에크하르트는 하나님 안에 있는 인간은 가장 깊은 중심이 그리스도에 의해 흔들린 사람, 그리고 하나님처럼 되어가는 사람, 또는 신화(神化: divinized)된 사람으로 이해한다. 하나님 안에 있는 생명으로부터 출현한 사람은 고귀한 사람이다. 이 고귀함은 인간의 노력에 의해 얻어지는 것이 아니라, 자기 의지를 포기함으로써 얻어진다. 하나님을 닮은 사람 즉, 신화된 사람은 그리스도께 의지를 양도하기 때문에 그리스도의 생명으로 인도되어간다. 이러한 사람은 자신의 실존의 피조성에서 이탈하게 된다. 즉, 유한한 것들에 대한 집착(執着)이 살아진다. 유한한 것들은 그것들을 지으시고 활동하게 하시는 하나님 앞에서만 의미를 갖는다.

신화된 사람은 경건한 도구인 성상을 포기한다. 모든 성상은 형태를 갖지 않는 신성 안에서 만들어져야 한다.

세 번째로 버려야 할 것은 의지이다. 자아를 추구하는 의지는 내적 가난의 경험을 통과해야 한다. 이것은 온전한 전향(轉向), 근본적인 회심(回心)을 의미한다. 이러한 방법으로 하나님이 영혼 안에 오시게 하는 것, 하나님을 위해 영혼의 근저(根底)를 깨끗하게 하는 것이 궁극적인 순종의 의미로서, 저급한 자아에게는 고통스럽지만 평화와 내적 평안으로 인도해 준다.

『독일신학』의 저자인 프랑크푸르터(Frankfurter)에게 많은 감화를 준 요한 타울러는 앞의 견해에 대해서 "하나님의 친구들"의 다른 지도자들과 같은 입장을 취한다. 그러나 타울러와 에크하르트가 의견을 달리하는 점들도 있다. 『독일신학』에서 타울러를 인용했다고 해서, 그 견해에 자동적으로 에크하르트가 포함되는 것이 아니다. 또 마틴 루터가 『독일신학』을 인정했다고 해서, 그것이 간접적으로 에크하르트의 사상을 받아들이거나 인정했다고 가정할 수는 없다.

에크하르트의 "내가 하나님을 보는 눈은 하나님께서 나를 보시는 눈과 같다. 내 눈과 하나님의 눈은 하나요, 하나의 시각이요, 하나의 앎이요, 하나의 느낌이다"라는 말에, 타울러는 어떤 의미에서는 동의한다. 그는 이 말에 동의하면서도 한편으로는 동의하지 않는다. 왜냐하면 그는 영적인 것과 본성적인 것을 뒤섞으려 하지 않기 때문이다. 타울러는 인간을 영적인 것과 대조를 이루는 본성을 제거해야 할 존재로 이해했다.

인간 실존에 대한 타울러의 주장은 에크하르트 보다 더 역설적이다. 어떤 사람이 단순히 하나님을 자연에 첨가한다면, 그는 처음부터 끝까지 자연을 다루는 것이다. 따라서 하나님을 아는 지식과 자연을 아는 지식은 전혀 다르지 않다.

그러나 실제로는 그렇지 못하다. 하나님은 결코 유한한 세상과 온전한 합일(合一)을 이룰 수 없다. 타울러의 견해에 의하면, 첨가된 지식은 결코 인간을 하나님께로 인도할 수 없다. 인간을 인도하는 하나님의 길을 믿는 것 외에는 다른 비결은 없다. 학문적 견해로써 우리가 영혼의 기능에 의해서 최종 목표와 목적을 알아야 한다고 가정하려는 경향이 있다.

그 점에 관해서 우리는 마이스터 에크하르트에게서 토머스 아퀴나스의 사상을 많이 발견할 수 있다. 그러나 타울러와 하나님의 친구들은 이 점에 관하여는 반 학문적이다. 그들은 우리가 자연 세계에서 통찰과 경험을 통해 알 수 있지만, 그 뒤에 계속되는 것은 믿음의 대상일 뿐이라고 말한다. 우리가 아무리 깊이 탐구한다고 해도, 궁극적으로 자연으로부터 얻는 것은 진리와 동등할 수 없다. 역설적으로 진리란 자연 안에 존재하지만, 자연으로 존재하지 않는다.

스트라스부르크의 유명한 설교자였던 타울러는 하나님의 친구들 중 매우 신비적인 평신도에 의해 회심하면서 이 사실을 경험했다. 앞에서 언급한 바와 같이, 이 친구가 역사적인 인물이었는지에 대해서 학자들의 의견은 일치하지 않는다. 그 지혜로운 친구가 가상의 인물이라고 가정해 보자. 그렇다고 해도, 그의 회심이 실제의 것임을 믿을 수 있는 많은 증거가 있다.

타울러는 자신이 하나님에 대해 지성적으로 올바르게 생각했지만, 그 생각이 그의 내면에서 살지 못했고, 울려 퍼지지 못했고, 경험되지 못했다는 것을 분명히 발견했다.

하나님에 대한 사상가였던 타울러는 거듭나서 성령 안에서 사는 새로운 사람으로 변화되었다. 그는 모든 가치관이 전도되는 십자가 앞으로 나아갔다. 그는 지난 날에는 청중을 가르침으로써 교화시켰지만, 이제는 그들을 감동시켰다. 그가 거듭난 후에 그의 설교를 듣던 40명이 땅에 쓰러져 죽은 사람처럼 되었다는 이야기는 상징적인 이야기일 것이다. 그것은 하나의 상징으로 족하다. 왜냐하면 그것은 하나님의 친구들이 보기 시작한 것, 즉 십자가 앞에서 인간적인 주장들이 온전히 소멸될 때에만 언약, 하나님의 나라, 또는 칭의가 생명을 얻는다는 것을 보여준다.

타울러와 에크하르트-타울러는 이 위대한 인물을 쾰른에서 직접 만났을 수도 있지만 글을 통해서 알게 되었다-에게는 또 하나의 차이점이 있다. 그것은 하나님과 인간 사이의 이원론이라는 문제이다. 에크하르트의 신학에서는 성육신을 강조하지만, 타울러의 신학의 중심은 십자가와 부활이다. 따라서 에크하르트의 신비신학은 하나님에 대한 철학적이고 신플라톤주의적인 사색을 지향하는 경향을 띤다. 그러나 타울러는 훨씬 더 목회적이고 교회 지향적이고 실존적인 표현을 사용한다.

신비가들이 흔히 사용하는 표현인 "영혼의 근저 안에서의 하나님의 탄생"에 초점을 둠으로써 이것을 매우 분명하게 식별할 수 있다. 신비주의 작가들은 플로티누스(Plotinus)가 센트론(centon)이라고 부른 것을 여러 가지 방법으로 바꾸어 표현했다: "영혼의 본질", "심정(gemüt synteresis)", "영의 거처", "영의 빛", "가장 깊은 근원", "영혼의 핵심", "근저" 등.

타울러, 프랑크푸르터, 그리고 마이스터 에크하르트는 이러한 용어들이 하나님과 인간이 만나는 장소를 의미하는 것으로 여겼다. 그러나 타울러와 프랑크푸르터의 사상에서는 이 만남의 장소가 범신론을 일으키지 않는 데 반해, 에크하르트가 하나님과 인간의 관계를 묘사하는 방법에는 하나님, 인간, 그리고 자연 사이의 구분이 부족한 듯하다. 에크하르트는 쉽게 다음과 같이 말했다.

> "하나의 사물은 일반적인 본질에 참여하면 할수록, 그만큼 그 일반적인 본질의 분리 불가능성과 하나가 되며, 그 자체도 분리할 수 없게 된다. …옳은 것을 옳은 것으로 취하고, 그것을 하나님으로 취하라."

타울러는 인간과 하나님의 관계를 인정하면서도 인간과 하나님 사이의 거리, 그리고 하나님 앞에서의 인간의 무가치함과 죄악됨에 대해서 다소 이원론적인 표현을 사용하여 말한다.

따라서 타울러는 에크하르트만큼 영혼의 근저 안에서의 하나님의 탄생을 본성에서부터 영으로 이어지는 연속체로 보지 않는다. 아마 종교 사학자요 성직자인 나탄 쇠더블롬(Nathan Södeblom)에 제시한 분석 표준들을 여기에 적용할 수 있을 것이다. 그는 "인격-신비주의"(personality-mysticism)와 "무한-신비주의"(infinity-mysticism)을 구분했다. 인격-신비주의는 삶의 문제들 가운데서의 하나님 경험, 인간 "나"(I)가 하나님인 "당신"(Thou)을 만나는 경험이다. 무한-신비주의는 인생의 부침을 초월하는 초인(超人)의 경험이다. 인격-신비주의는 자연 안에 빠져드는 것, 그리고 기술적인 유형에 따른 훈련이다. 우리는 한편으로는 인격적인 하나님과 관계를 가지며, 다른 한편으로는 인격이 분해되어 비인격적인 초자연적인 존재가 된다.

이 구분 방법에 의하면, 타울러와 프랑크푸르터는 인격-신비주의에 속하며, 마이스터 에크하르트는 자연-신비주의에 속한다. 마틴 루터는 『독일신학』과 요한 타울러는 기독교 신앙에 적절한 방법으로 기독교의 상태를 묘사한다는 것을 알았다. 이러한 방법들은 인격-신비주의의 방법, 경험적인 기독교적 지식, *sapientia experimentalis*였다. 루터와 하나님의 친구들의 관계는 평생 계속되었다.

자유 영의 형제자매들

중세 시대 후반에 교황과 황제의 싸움은 많은 사람들에게 파괴적인 영향을 미쳤다. 교황이나 제국의 외적 조직의 주장들은 권위를 상실하고 있었다. 그에 따른 실망은 한편으로는 회의적인 물질주의를 낳았고, 또 한편으로는 기존 신학의 경계를 초월하는 종교적 견해들이 등장했다. 전자에 대해서 매년 열리는 "바보들의 축제"에서 대표적인 사례를 볼 수 있다. 이 축제 때는 일반 시민들이 이교(異敎)의 환락에 몰입하고, 상관에 대한 고질적인 불만을 토로하고, 교회와 행정관을 경멸했다. 이 시대에 학생들이 부르던 노래들은 실존주의적인 분위기를 나타냈다. 그것은 향수(鄕愁)와 쾌락주의 사이를 움직이는 분위기였다. 칼 오르프(Carl Orff)가 이러한 시들을 토대로 하여 작곡한 *Carmina Burana*는 그 시대를 잘 묘사하고 있다. 후자에 대해서는 폭력적인 성상파괴를 자행했던 "자유 영의 형제자매들"(The Brothers and Sisters of the Free Spirit)이라는 무리에서 대표적인 예를 찾을 수 있다. 『독일신학』에서 이들에 대해서 많이 언급하고 있다. 아마 프랑크푸르터가 자기의 생각을 글로 표현한 주된 원인은 그들이었을 수도 있다. 그들의 메시지는 근본적으로 하나님의 친구들의 경험과 가르침과 동일한 취지를 가지고 있었다. 그러나 약 150년 후에 원래 루터의 친구였던 광신자들(Enthusiasts, 또는 *Schwärmer*)이 루터의 반대자들이 되었듯이, 그들도 매우 극단으로 기울었다.

  자유 영의 형제자매들의 신학적 근원은 1200년 무렵의 피요레의 요아킴(Joachim of Fiore), 베나의 아말릭(Amalric of Bena), 디난트의 다비드(David of Dinant) 등의 종말 사상에서 찾아야 할 것이다. 이러한 유인들이 순회 탁발자 베가드(Beghard)들의 가난이라는 이상과 결합되었다. 그 취지는 반 학문적이고 반 제도적이었지만, 그 출발점은 하나님의 친구들에게 감화를 준 것과 동일한 참 기독교에 대한 관심이었다.

  문제의 저항 운동-어떤 조직을 갖추지 않았다-의 뿌리는 창조 안에 있는 모든 것은 필요에 따라 생긴 것이라는 확신에 두었는데, 소위 이 필요성이란 어느 것도 스스로 존재할 수 없다는 믿음을 함축할 수 있는 것이다. 더욱이, 모든 피조물은 하나님 안에 있으며, 그런 의미에서 우리는 지옥, 마귀, 또는 연옥이 존재한다고 가정할 수 없다. 이런 것들은 성직자들이 고안해낸 것이다. 결국 하나님은 모든 피조물 안에 계시지 않는가? 그러나 자기 의지는 실재하며, 반드시 깨어져야 한다. 이 목적을 지향하는 자유 영의 형제자매들은 그리 반갑지 않은 정신적인 양식을 도입했다. 인간은 세상에 사는 동안 자기 의지를 제거하면서 하나님을 위한 공간을 제공한다. 그는 상을 얻기 위해서가 아니라, 하나님을 찬양하기 위해서 거룩한 일을 행한다. 그리스도께서 고난을 받으신 것은 우리의 삶에서 영원한 저주의 위협을 제거하기 위해서가 아니라, 선 안에서의 진보의 본을 보이기 위해서이다. 우리가 그리스도의 제자가 되고 그를 본받아 자원하여 많은 작은 십자가들을 지려 하지 않는다면, 그리스도의 십자가는 소용이 없다. 아말릭은 각각의 헌신된 영혼은 이런 방식으로 세상에서 그리스도처럼 되며, 그리스도의 본성을 취한다고 말했고, 자유 영의 형제자매들은 그의 말을 믿었다.

　그러나 교회의 속박에서 벗어나기를 바란 자유 영의 형제자매들은 곧 "자아 안에 계신 하나님"(God in the self)은 곧 "자아는 하나님이다"라는 의미라고 가르치기 시작했다. 교회의 뾰족탑으로 상징되는 고딕 풍의 분위기의 신학적인 결점은 자유 영의 형제자매들에게서 분명히 나타났다. 그들은 "인간의 영의 정상"을 하나님으로 나타낼 수 있다고 가정했다. 그들은 인간이 참으로 하나님이 될 수 있다고 말했다. 하나님 안에 들어가는 것이 허락된 사람은 동요하지 않게 된다. 그리스도가 그의 수난 안에서 실제로 고통을 당하시지 않으셨듯이, 해방된 사람은 모든 피조물을 다스리는 자유로운 주인이요 왕이었다. 그는 마음에 드는 것은 모두 사용할 수 있고 성가신 것처럼 보이는 것은 모두 파괴할 수 있었다. 이러한 주제넘음이 거짓 자유의 교리 안에 감추어져 있었다. 해방된 영은 교회가 공포하는 질서나 법을 의존하지 않았다. "천한 영들", 발달하지 못한 사람들만 전통적인 도덕적 관습에 순종했다. 그러나 "자유 영들"은 더 이상 하나님과 구분될 수 없기 때문에 양심의 명령을 초월했다.

자유 영의 형제자매들은 하나님 안에 있는 삶과 윤리적인 책임 사이에 관계가 있다고 보지 않았다. 하나님은 윤리적인 특성을 초월하므로, 윤리적 명령은 해방된 삶의 일부가 될 수 없다. 이 종교적 자유사상이 모든 계층에 퍼졌고, 그 사상에 동조하는 사람들도 증가했다. 노동자, 대장장이, 돼지치기 등 모든 부류의 사람들이 임박한 새 나라, 즉 교회와 사회의 속박에서 해방되었으며 거지가 영의 가난에 더 가깝다고 믿는 사람들이 쉽게 들어갈 수 있는 새 나라를 찾아 고향을 떠났다. 인간이 소유한 "나라"는 하나님에 대해서 거의 말하지 않는 인문주의적 르네상스 전통 안에 있는 자유사상가들과 구분할 수 없게 된다.

얀 반 루이스브렉(Jan van Ruysbroeck)과 요한 타울러와 같은 하나님의 친구들이 정도를 벗어난 행동을 공격한 것은 당연한 일이었다. 그들은 자기방어를 위해서 그렇게 행동해야 했다. 왜냐하면 교회는 신비교(Mystik)와 광신적인 기적신앙(Mysticismus), 방탕함과 윤리적인 무감각을 조장하는 신학과 그리스도 안에 있는 경험적 지혜를 구분할 수 없었기 때문이다. 13~14세기에 기성 교회는 계속 자유 영의 형제자매들과 대적하여 싸웠다. 하나님의 친구들은 종종 무자비한 재판과 가혹한 대접을 받았지만, 자유 영의 형제자매들과는 분명히 구분되어야 한다. 하나님의 친구들 중 하나인 루이스브렉은 자유 영의 형제자매들에 대해서 다음과 같이 썼다.

"그들은 치명적인 죄 가운데 살면서, 하나님이나 하나님의 은혜에 대해 걱정하지 않고, 덕은 온전한 난센스이며 영성생활은 위선이고 망상이라고 생각한다. 그들은 하나님이나 덕에 대한 말을 들으면 불쾌해 한다. 왜냐하면 그들은 하나님, 천국, 지옥과 같은 것은 없다고 믿기 때문이다. 그들은 감각할 수 있는 것만 인정한다."

종교개혁 이후, 자유 영의 형제자매들의 무리는 사라졌다. 그러나 문제는 아직도 남아 있다. 『독일신학』은 그것을 다음과 같이 명시한다.

"우리는 인간을 끌어올려 영원하신 하나님으로 만들고 있지 않은가? 아니면, 인간이 세상에 사는 동안에 영원하신 하나님을 의지하고 그 안에서 자라야 한다고 말하고 있는가?"

프로테스탄트에서의 『독일신학』의 역사

공식적으로 말해서, 『독일신학』은 지금도 여전히 로마 카톨릭 신자들이 읽지 말아야 할 금서에 속한다. 이 문제는 중세 시대의 여러 종류의 신앙부흥운동에 대한 교회의 공식적인 태도와 관련이 있으므로, 이 주제를 하나님의 친구들에 관한 마지막 부분에서 다루게 되었다.

종교개혁 시대의 사람들이 이 책에 대해 어떻게 반응했는지 알아야 한다.

『독일신학』은 16세기와 17세기에 널리 읽히고, 그 진가를 인정받았다. 그 책은 마틴 루터의 생전에 20판이 출판되었다. 그 책의 영향력은 이성주의와 계몽주의 시대에 감소되었다가 19세기에 다시 증가되었다.

여기에서는 특별히 이 책에 대한 개신교인들의 반응에 초점을 두고자 하기 때문에, 루터의 초기의 고해신부였던 요한 스타우피츠(Johann Staupitz)가 타울러와 『독일신학』에서 많은 것을 배웠다는 사실만 언급하려 한다. 세 번째 유명한 제자는 칼스타트(Carlstadt)라는 알드레아스 보덴스타인(Andreas Bodenstein)였다. 칼스타트는 "내적 평온"(gelassenheit), 즉 믿음으로부터 나오는 의지에 대해서 『독일신학』과 같은 방식으로 말했다. 그는 『독일신학』에서처럼 *Meinheit*와 *Sichheit*라는 용어를 사용했고, 자신이 『독일신학』으로부터 유익을 받았음을 인정했다.

칼스타트는 곧 본질적인 문제들과 관련하여 루터와 결별했지만, 이 경건서적에 대한 칼스타트와 루터의 평가는 복음적인 신앙에 기초를 두고 있었다. 그러나 『독일신학』은 종교개혁의 반 교회적인 세력인 열광주의자들(Enthusiasts, 또는 *Schwärmer*)을 나타내는 상징이 되었다. 열광주의자들은 우선적으로 『독일신학』의 종교적-윤리적 메시지 때문에 이 책에 대해서 언급하지 않았다. 그들은 이 책 제23장에서만 성례전에 대해 직접 언급한다는 사실 때문에, 이 책에 대해 거부감을 느꼈다. 종교적인 기본 태도에 관한 설교 자체를 은혜의 수단으로 간주하는 것 같았다. 열광주의자들은 기독교인의 삶에서는 표면적인 "상징"이 필요하지 않다고 믿었기 때문에, 성례전에 대해 그다지 언급하지 않는 것은 곧 그들의 견해가 옳다는 증거라고 간주했다. 어쨌든, 루터는 그 책을 높이 평가했다. 광신자들(*Schwärmer*)과 재세례파의 소책자에는 『독일신학』을 빗대어 언급한 내용이 가득하다. 부수적으로, 하나님의 친구들은 진지하게 그리스도를 따르는 삶에서 교회의 명령이 유익한 수단이라고 했다는 사실을 감안할 때, 우리는 광신자들이 침묵으로 주장하는 논증들이 다소 빈약하다는 점에 주목해야 한다. 또한 『독일신학』이 표면적인 상징 사용을 중시한 것도 주목해야 한다.

재세례파나 신비적-경건주의 집단의 지도자들인 뎅크(Denck), 헤처(Hetzer), 슈벵크펠트(Schwenckfledt) 등은 『독일신학』을 높이 평가했다. 뎅

크와 헤처는 1555년에 그 책을 새로 인쇄하는 일을 주도했다. 세바스티안 프랑크(Sebastian Franck)는 『독일신학』에 심취했다. 그는 자신의 의역과 논평을 첨가하여 라틴어로 번역했다. 이렇게 첨가된 것들은 유심론적(唯心論的)인 분위기를 가지고 있다. 그는 서문에서 『독일신학』에 성경 다음의 권위를 부여한다. 발렌틴 바이겔(Valentin Weigel)은 16세기에 『독일신학』을 자주 사용한 신비적 경향을 지닌 루터파의 한 사람으로 짐작된다. 그의 경건한 표현은 프랑크푸르터의 표현과 아주 흡사하다. 그가 『독일신학』의 사상에 대한 개론을 저술했다는 설도 있지만, 오늘날 그 책의 사본을 찾을 수 없다.

개혁주의 진영의 세바스티안 카스텔리오(Sebastian Castellio)는 프랑크푸르터의 메시지에 매료되었다. 그는 프랑크와는 상관없이 그 책을 라틴어로 번역했다. 그는 이 책을 칼빈주의의 엄격함에 대한 건전한 해독제로 여겼다. 그의 서문은 다음과 같은 주제에 초점을 둔다.

"하나님의 은혜 때문에 하나님을 사랑하는 것, 즉 고마워서 하나님을 사랑하는 것은 온전한 기독교적 삶의 방식이 아니다. 인간은 이기주의나 자기중심주의가 없이 하나님을 사랑해야 한다. 이것은 하나님이 우리를 위해 선한 일을 행하시기 때문이 아니라 하나님은 본질적으로 선하시기 때문이다."

개혁주의 신학은 이성주의적인 경향 때문에 『독일신학』의 가치를 이해하지 못했다. 기욤 파렐(Guillaume Farel)은 가장 모욕적인 표현을 사용하여 『독일신학』이 철저한 이단자인 다비드 요리스(David Joris)의 착상이었으며, 바슬레 지방의 출판사가 "경건하지 못한" 책을 출판했다고 썼다. 파렐의 주장에 따르면, 그러한 재세례파의 잘못된 신앙이 참믿음의 신학으로 간주하는 것은 독일 기독교 신앙이 잘못된 길에 들어선 것이며, 사람들은 하나님을 떠나 단순한 관상으로 이끌려 가고 있다고 한다.

칼빈도 "『독일신학과 새 사람』에 대해 그에 못지않게 신랄하게 비판했다. 그는 프랑크푸르트에 있는 개혁주의 교인들에게 보낸 편지에 쓰기를 『독일신학』에서 말하는 것은 교인들이 절대로 가까이 해서는 안될 것이라고 말했다.

"그 책에는 특별한 오류는 없지만, 사탄이 복음의 단순성을 어지럽히려고 고안한 천박한 것들이 담겨 있습니다. 만일 그 책을 보다 깊이 연구해 본다면, 그 안에 교회에 해(害)를 기칠 수 있는 치명적인 독이 숨겨져 있는 것을 발견하게 될 것입니다. 형제들이여, 그러므로 그러한 더러운 것들을 가지고 여러분을 더럽히려 하는 사람들을 피하십시오."

칼빈의 친구였으며 미구엘 세르베트(Miguel Servet)를 사형에 처하는 것을 지지했던 테오도레 베자(Theodore Beza)도 스위스에서 『독일신학』이 출판되는 것에 대해 매우 회의적이었다. 이 책에 대한 칼빈과 베자의 말은 교회 내에서 일반적으로 인정되는 견해가 되었다.

1700년대에 어느 유명한 개혁주의 신학자는 루터가 『독일신학』을 높이 평가한 것은 무책임하고 지혜롭지 못한 일이었다고 비난했다. 그는 『독일신학』을 발레의 신학자 외콜람파디우스(Oecolampadius)가 슈벵크펠트(Schwenckfelt)의 논문에 대해 쓴 추천사와 마찬가지로 저급한 수준의 책이라고 평가했다.

루터파에서는 그 책을 다소 긍정적으로 평가했다. 『독일신학』이 항상 받아들일 수 있는 것으로 간주되지는 않았지만, 신앙생활에 대한 루터파의 해석에서는 프랑크푸르터의 주요한 주장을 받아들였다. 이와 같은 호의적인 판단이 단순히 마틴 루터에 대한 충성심의 표현이 아니라는 것은 "객관적인" 구원을 강력히 주장한 마티아스 플라키우스(Mathias Flacius)가 "진리의 증인들" 목록에 『독일신학』을 포함시킨 사실에서 증명된다. 플라키우스는 특히 구원이 오직 하나님에게만 기인하는 것으로 표현한 9장, 37장, 49장에 감명을 받았다. 그는 죄, 자유의지, 옛사람, 은혜, 그리스도, 거듭남 등에 대해서 『독일신학』이 올바르게 가르치고 있기 때문에 루터가 그 책을 높이 평가했다는 것을 독자들에게 상기시키려 했다.

오르간 연주자요, 법학자요, 시인이요, 신학자인 니콜라우스 셀네커(Nicolaus Selnecker)는 처음에는 멜란히톤의 사상에 근접했지만 나중에는 전통적인 사상을 표현한 인물이다. 그는 "우리의 특별한 친구인 요한 아른트가 편집한 『독일신학』의 탁월한 사상"이라고 언급했다. 일치신조(Formula of Concord)를 작성하는 데 관여했던 셀네커는 『독일신학』은 하나님은 스스로를 하나님 자체로서 사랑하시는 것이 아니라 최고의 선으로서 사랑하시며, 우리도 동일한 방식으로 하나님을 사랑해야 하며, 그럼으로써 선하게 되어야 한다는 사상을 제안한다고 했다.

그러나 17세기에 들어서면서 분위기가 변했으며, 정통 루터파는 점차 『독일신학』과 니콜라우스 훈니우스(Nicholaus Hunnius)의 견해를 경계하기 시작했다. 니콜라우스는 발렌틴 바이겔(Valentin Weigel)과 같은 루터파의 열광주의자들의 공격에 맞서서 칭의, 원죄, 성례전 등에 대한 정통적이고 객관적인 개념을 강력히 옹호했다. 그 과정에서 그는 『독일신학』과 요한 타울러―타울러는 바이겔 및 그의 추종자들에게 큰 영향을 주었다―에 대한 견해를 분명히 해야 했다. 그가 내린 결론은 "프랑크푸르터의 책은 그것이 저술된 시대에는 자유의지에 관한 이단을 논박하는 데 있어서 유익했다"는 것이었다. 그것은 선행이 구원에 도움이 된다는 것을 인정하지 않았고, 인간의 타고난 재능과 자유의지가 구속의 일부라는 주장을 제거했다. 결국, 이것이 루터가 말하려 했던 것이 아닌가?

훈니우스는 "우리는 『독일신학』에서 바이겔의 망상을 전혀 발견할 수 없다"라고 지적했다. 그런데도 교회가 루터의 표준을 『독일신학』에 적용해야 한다면, 그 책을 배격해야 할 것이다. 루터는 야고보서의 가치는 그리스도의 공로의 진리를 담고 있다는 데에 두었다. 훈니우스는 『독일신학』에서 예를 들어 하나님이 신자의 내면에서 "인간화되신다"(humanized)는 표현, 또는 사탄이 참으로 회심하면 천사가 될 수 있다는 표현을 용납할 수 없었다. 또 독서와 학문에 의해서는 아무도 그리스도의 생명과 그리스도의 빛에 들어갈 수 없다는 『독일신학』의 주장, 하나님은 온전한 선이시기 때문에 스스로를 사랑하신다는 견해, 신실하고 하나님을 닮은 사람들에게는 명령이 필요하지 않다는 주장 등으로 인해 혼란을 겪었다. 또한 "염려에서 벗어난 평화"에 대한 『독일신학』의 언급을 이해하지 못했다. 전반적으로 니콜라우스 훈니우스는 "우리 시대"(17세기) 사람들은 그러한 책들을 버려도 문제가 없다고 선언했다.

그러나 신학적인 문제에 있어서 루터의 판단력을 온전히 무시할 수는 없었다. 17세기의 학자 요한 베네딕트 카르프조우(Johann Benedict Carpzow)는 마틴 루터의 견해를 절대적인 의미로 이해할 것이 아니라, 상대적인 의미로 이해해야 한다고 주장했다. 카톨릭 교회의 스콜라 신학과 연결하여 그것을 보아야 했다. 이런 식으로 보면, 『독일신학』은 스콜라 철학에서는 찾아볼 수 없는 경건을 추구한다고 보아야 한다. 카르프조우는 "순전히 신비적인" 책이 아니라,"잘 정화(淨化)된 책"이라고 느꼈다. 그 책은 신비 신학자들이 말한 것 중에서 가장 훌륭한 것을 제공함으로써 신자들을 도울 수 있었다.

17세기말과 18세기 초에 예나 대학 교수였던 요한 프란츠 부데우스(Johann Vranz Buddeus)는, 많은 사람들은 『독일신학』에 있는 견해를 일괄적으로 받아들일 수 없지만, 자신은 그것을 이해한다고 말했다. 그러나 그 책은 "탁월하며, 선한 열매가 가득하다"고 했다.

루터교의 정통주의 진영에서 『독일신학』을 선뜻 받아들이지 않은 것은 광신자들(Schwärmer)이 열심히 『독일신학』을 읽고 지속적으로 언급했다는 사실을 염두에 두고 이해해야 한다. 광신자들은 그 책에서 내면생활을 강조한 것은 곧 자기들이 종교의 표면적인 형식을 공격하는 것을 지지한다고 여겼다. 그들은 종교개혁의 초창기를 거의 파괴했었다. 급진주의자들과 『독일신학』의 관계가 정통적인 루터교 신자들의 견해에 영향을 미쳤음이 분명하다.

그러나 루터교에는 "경건주의"라고 부르는 또 다른 흐름이 있었다. 루터파 경건주의자들은 자기들이 기독교의 구원의 경륜 안에서의 주관적인 영성과 개인적인 경건을 강조한다는 점에서 마틴 루터의 전통 안에 있다고 주장했다.

신비신학의 저서들이 그리 인기가 없었던 시대(18세기)에 『독일신학』이 계속해서 출판될 수 있었던 것은 대체로 내면생활을 중시한 루터교인들의 공로였다. 『독일신학』은 경건주의자들이 즐겨 읽는 책이 되었다.

경건주의자들의 지도자들 중 고트프리드 아놀드(Gottfried Arnold)는 그의 저서 『교회와 이단의 공정한 역사』(*Impartial History of Church and Heresy*)라는 책에서 루터가 『독일신학』을 출판함으로써 말하려 했던 것은 분명하다고 말했다. 루터는 자신이 그 책의 능력을 맛보았다는 것을 말하고 싶어했으며, 또 그것이 자신의 경험과 일치하는 것을 발견했다. 아놀드는 루터의 신학적인 견해 및 그에 따른 신앙 행위를 제한하는 것은 무익한 일이라고 주장한다.

유명한 『진정한 기독교』(True Christianity)의 저자인 요한 아른트는 정통 루터교인들의 "우리를 위한 그리스도" 신학에 대한 정당한 반작용으로서 "우리 안에 계신 그리스도"를 강조했다. 그는 "진정한 루터교 신비주의"를 대변했으며, 교리의 순수성에 관해서는 정통적이지만, 내적인 "마음의 신학"(heart theology)을 지지했다. 따라서 그가 『독일신학』의 출판에 관여한 것은 놀라운 것이 아니다. 그는 『독일신학』 서문에서 그 책이 관념적인 공식이 아니라, 삶을 강조한다고 지적했다.

크리스티안 스크리버(Christian Scriver)는 그의 저서 『젤렌샤츠』(Seelenschats)에서 프랑크푸르터의 저서를 극찬했다. 독일 경건주의의 아버지라고 불리는 필립 야곱 스페너(Philip Jacob Spener)도 그의 저서 『경건한 소원』(Pia Desideria)와 타울러의 저서에 쓴 서문에서 『독일신학』을 매우 긍정적으로 평가했다.

이와 같이 루터교 내에서도 정통파는 『독일신학』의 메시지에 대해 매우 회의적이었던 반면에 경건주의자들은 지지했다.

이와 같은 현상은 칼빈주의 운동에서도 마찬가지였다. 그 운동의 창시자들과, 그 후의 교의학자들은 교리적인 이유 때문에 『독일신학』의 메시지를 반대했지만, 개혁주의 경건주의자들은 이 책을 인정하고 애독했다. 18세기에 독일 남부에서 활동한 신비가이며 목회자였던 피에르 포아레(Pierre Poiret)는 프랑스어 판 『독일신학』을 출판했다. 아른트와 스페너에 대한 교의적인 반대에는 종종 『독일신학』에 대한 공격이 포함되었다. 개혁주의 신학자들은 루터가 그 책을 존중한 것을 이해할 수 없었고, 루터 진영 내의 정통주의 동료들과 동일한 태도를 취했다. 즉 그들은 루터의 견해는 상대적인 것으로서 스콜라주의에 대항하는 것으로 간주해야 한다고 생각했다.

앞에서 말했듯이, 이성주의 시대인 1700년대에 『독일신학』이 독일서, 스웨덴어, 네덜란드어, 라틴어 등으로 계속 출판되었지만 신비신학은 쇠퇴했다.

1800년대 상반기에 『독일신학』을 펴낸 사람 중 트록슬러(Troxler)는 머리말에서 자연인과 초자연인을 구분한 프랑크푸르터의 윤리적인 이원론에 관심을 기울였다. 그것은 가톨릭교회에서 생각하는 영과 본성 사이의 구분과는 아주 다른 이원론이었다. 트록슬러의 신학적인 성향은 열광주의자들 편으로 기울었던 듯하다. 몇 년 후에 비센탈탈(Bicsenthal)은 그가 편집한 책이 서문에서 "물론 그 내용이 모든 집단, 특히 평범한 이성주의에게 동일하게 강력한 호소력을 가질 수 없다"라고 했다. 이것은 특히 신인(神人)에 대한 사상에 적용될 것이다.

"이성주의의 입장에서 볼 때 그 사상은 기껏해야 영적 · 도덕적 상태의 상징에 불과하다. 특히 우리 시대의 내적인 경건과 깊은 사색을 추구하는 사람들은 그 책을 환영해야 한다."(1842).

그러한 성향을 가진 사람들은 "『독일신학』을 대할 때 편안하게 느낄 것이다." 『독일신학』의 가르침은 "자기 부인, 겸손, 거룩한 복"에 중심을 두기 때문에, 그 경건은 그들의 원리에 영향을 준다.

유명한 주경신학자이며 조직신학자인 빌헬름 데 베테(Wilhelm de Wette)는 그의 『기독교 윤리학』(마지막권, 1823)에서 『독일신학』은 훌륭하고 건전하며, 영과 생명이 가득 차 있으며, 그 표현이 직접적이고 구체적이며, 과연 루터가 추천할 만한 책이었다고 말했다. 헤겔 철학자인 요한 로젠크란츠(Johann Resendranz)는 그 책이 루터, 스페너 등에 의해서 그 책이 계속 인쇄된 것은 그 책의 가치와 필요성을 보여주는 것으로서 학자들이 무시해서는 안 될 사실이라고 지적한다. 역사철학 분야의 어드먼(J. E. Erdmann), 성경신학 분야의 리스코(F. G. Lisco), 그리고 외교관이며 언어학자이며 교의학자인 크리스천 번센(Christian Bunsen) 등은 모두 『독일신학』의 영적 비중을 높이 평가한 사람들이다.

번센은 『독일신학』이 영어로 번역 출판되게 만든 인물이다. 수잰너 윈크워스(Susanna Winkworth)가 번역하고, 번센이 "역자에게 보내는 편지"를 썼다. 번센은 다음과 같이 썼다:

"나도 루터처럼 이 작은 책을 성경 다음으로 평가하지만, 루터와는 달리 이 책을 어거스틴 다음이 아니라, 어거스틴 앞에 두고 싶습니다. 이 책을 교리문답으로 사용한 경건하고 유식하고 심오한 사람들은…유대교, 그리고 비잔틴 시대와 중세 시대 교회의 형식주의, 스콜라주의의 허황함, 그리고 교만한 교회의 성직자들이 바로잡으려는 의지나 능력이 없음을 감추려고 했지만 감추지 못한 사회의 부패 등에 대항하는 독일 정신의 최초의 항변이었습니다. 에크하르트와 그의 제자 타울러는 종교를 무익한 사색, 그리고 불가능하거나 망상적인 가정에 입각한 추론 등으로부터 돌이켜 인간 자신의 마음으로 돌아오게 했고, 평범한 사람들이 이해할 수 있는 것으로 만들었습니다. …지금 당신이 영국인들에게 제시하고 있는 귀중한 책의 원리는 이것입니다: 죄는 이기심이며, 경건은 이기심이 없는 상태이며, 경건한 생활은 내적으로 자아로부터 자유로운 상태에서 꾸준히 일하는 것입니다. 이렇게 경건하게 되는 것은 인간의 최초의 본성의 회복입니다. …우리는 보상에 대한 생각을 멸시해야 합니다. …이 작지만 귀중한 책은 지금까지 거의 40년 동안 나를 비롯하여 나로부터 이 책을 소개받은 많은 기독교인 친구들에게 말할 수 없는 위로를 주어왔습니다."

찰스 킹슬리(Charles Kingsley)도 윈크워스의 번역본에 머리말을 기고(寄稿)했다. 그는 자신이 특히 "의와 죄에 대한 고귀한 견해" 때문에 그 책을 존중한다고 말한다. 그는 내세에서 영원한 복을 받기 위해서 신앙생활을 하는 신자들에게는 그 책이 별로 소용이 없을 것이라고 말한다. 그 책은 "세상에 사는 동안…자유하기를" 원하는 사람들을 위한 책이다.

19세기와 20세기, 그리고 현재까지 개신교 신학적인 구조로 인해『독일신학』에서 유익을 찾지 못했다. 그 주된 원인은 개신교의 신학 체계에서 신비신학을 허용하지 않기 때문이다. 지성주의적인 분위기의 영향을 받고 있으며 변증적인 방법을 채용하는 슐라어어마허(Schleimacher)를 중심으로 하는 전통이 이 범주에 속한다. 계시에 대해 역사적-비평적인 태도를 취하는 사람들 역시 루터의 사상과 "하나님의 친구들"의 사상이 지닌 신비적인 측면에 대해 무관심했다. 칼 바르트가 주도하는 소위 신 정통주의 사상은 경건과 신비 체험의 전통에 별로 관심을 두지 않았으며, 두 가지 주요한 선험적(先驗的)인 가정에 의거해서 "객관적"인 체계 수립이라는 근거에 따라 그것을 불법이라고 선언했다. 여기서 두 가지의 가정이란, 첫째는 신학적인 관점에서 "초월"이란 결코 "시간으로부터 벗어남"을 의미하지 않은 것; 둘째는 자율성이란 경건과 신비신학의 관심사인 단순한 하나님께 애착과 내면의 이탈을 부적절하게 하지만, 그래도 종교적인 동기를 불러일으키는 도덕생활과 윤리적인 사고는 이 자율성에 뿌리를 두어야 한다는 것이다.

이 서구의 신학적 지성주의가 영어로 출판될 가치가 있다고 생각되는 자료의 선정에 영향을 미친 것을 보여주는 한 가지 증거는 1854년의 윈크워스 판, 1949년의 베른하르트 판, 1952년의 케플러 역본만이 이용되어 왔다는 사실이다. 윈크워스판의 최신판은 1937년에, 베른하르트 판의 최신판은 1951년에, 케플러 판의 최신판은 1961년에 출판되었다. 이 세 가지 판은 모두 루터의 사본에 기초를 둔 것이 아니라 1497년의 뷔르츠부르크 판에 기초를 두고 있다는 점에 유의해야 한다.

아마 지난 25년 동안에 신비신학과 경건에 대한 관심은 기독교 윤리의 기초와 관계가 없다고 판단되었기 때문에 『독일신학』을 구하기 어려웠을 것이다. 따라서 『독일신학』이 정말로 그런 책인가에 대해서 간단히 다루어 보려 한다.

『독일신학』의 윤리적 기초

하나님의 현존 체험(sapientia experimentalis), 즉 인간의 역사(歷史) 뿐만 아니라 마음과 정신 안에도 현존하신다는 사실을 주장하는 어떠한 신학도, 그러한 주장으로 말미암아 근본적으로 세상으로부터의 도피를 유발할 수 있으며, 그로 인해 이 세상에 대해 진지한 관심을 가질 수 없다고 하는 반대 의견에 직면하게 된다.

여기에서는 이러한 일반론의 정확성에 대한 대대적인 논박을 제기하지는 않으려 한다. 모든 일반론이 그렇듯이, 여기에도 진실과 오류가 포함되어 있다. 하나님의 보좌 앞에서 영혼에게 일어날 일에 대해 다룬 이 책은 단순히 세상으로부터의 도피를 하는 것이 아니라, 더 신실한 신앙 생활을 위해서 하나님 안에서 안식하도록 세상으로부터 떠나라고 한다.

선한 세상임을 알라.

『독일신학』은 세상과 구체화된 실존(incarnated existence)에 대한 긍정적인 메시지를 준다. 그것의 이원론은 본성과 영 사이의 이원론이 아니라, 자기의지와 하나님의 의지 사이의 이원론이다. 프랑크푸르터에게 있어서, 물질계를 감독하시는 하나님의 영이라는 것보다 이 땅에서 살아계시는 하나님의 현존하심을 더 중요하게 생각한다. 그는 "하나님은 모든 것을 포용하시는 선이시다"라고 말한다.

"이런 까닭에 …만물은 선하다. …하나님을 대적하는 것은 죄 밖에 없다"(제34장).

"가장 깊은 곳에서 하나님, 또는 참되신 선을 반대하는 것은 없다"(제 42장).

"우리의 존재 안에 있는 모든 것은 영원하신 분, 또는 영원의 영역이다." 이 세상에는 "하나님과 영원의 표징"이 무척 많으며, 그것들은 "하나님과 영원에 이르는 길과 방향"을 제공해준다. 피조 세계 안에 있는 모든 것이 "당신 자신의 유익을 위해서 사용되거나, 당신의 뜻을 따르는 것이 아니라 하나님의 뜻에 따라 존재하는 한" 그것들은 당신에게 허락된 특권이다(제47장).

다시 말해서 『독일신학』은 유형적인 실존에 깊은 의의를 부여하는데, 그것은 부정적인 것이 아니라 긍정적인 의의이다. 사실상, 세상에서의 삶은 "하나님 자신"의 본질적인 부분이다. 이 세상의 질서와 규칙이 하나님과 우리의 관계를 이룬다(제37장).

이렇게 세상에서의 하나님 안의 삶(life-in-God)은 삶의 풍조에 어떤 차이를 가져 오는가?

변화된 영혼의 윤리

우리는 『독일신학』에서 하나님에 대한 스콜라주의의 초월적 개념 대신에 살아계시고 현존하시는 하나님의 메시지를 접하게 된다. 인간 자아는 이 살아계시고 현존하시는 하나님이 거하실 공간을 마련하라는 요청을 받는다.

영혼은 자기 의지를 버려야만 살아계신 하나님을 위한 공간을 마련할 수 있다. 만일 "만물이 온전하신 분 안에서 하나라면", "우리는 이러한 인식에서 멀어질수록 옳은 길에서도 멀어지게 된다." 참으로 도덕적인 삶을 방해하는 큰 장애물은 이것이다: "인간은 자신에게 가장 좋다고 여기는 것을 자신에게서 나온 것이요 자신의 소유이며 자신만을 위해 존재해야 하는 것인 듯이 여겨, 자신의 유익을 추구할 것입니다"(제42장). 우리의 자기 의지는 이 세상에 있는 구체적인 사물에 애착하게 되며, 그것에게 휘말려 "한 분 안에 있는 만물을 향한 사랑"인 하나님의 사랑을 보지 못하게 된다(제44장). "모든 인간은 자기 자신에게 몰두한다…"(제24장). 프랑크푸르터의 윤리도 루터의 윤리처럼 현실적이다. 루터는 인간은 "자신에게 기울어진" 피조물이라고 말했다.

그러나 우리가 하나님의 보좌 앞에서 자신의 죄악됨을 깨닫고 하나님께 순종할 때, 우리의 자아가 정복된다. 그 결과 하나님과 인간 앞에서 겸손하게 되는데, 이 겸손은 하나님이 주도하시는 도덕의 시작이다(제33장).

그리고 성향이 변화된다. 우리의 삶에 새로운 도덕률을 더한다고 해서 우리가 하나님의 친구가 되며 그리스도의 제자가 되는 것은 아니라, 교만한 영혼이 변화되어 겸손해질 때 친구가 된다. 그것은 "덕과 사악함의 차이"에 대한 지식을 획득하는 일이 아니라, 하나님의 사랑에 대한 경험으로써 덕을 사랑하는 일이다. 우리는 새로운 정신적인 틀 안에 존재한다. 그러한 정신적인 틀 안에 있지 않은 사람이 외적으로 성실하고 올바른 생각을 가지고 있다고 하더라도, 그는 진정한 도덕적인 사람이 아니다(제39장).

이처럼 참된 윤리적 책임을 향한 나아간다는 것은 영혼이 자기 의지의 많은 부분을 포기한다는 것을 의미한다. 그러나 자아의 소멸을 뜻하는 것은 아니다. 자아는 하나님이 지으신 것으로서, 이 세상에 사는 동안 하나님과 인간을 섬겨야 한다. 자아는 자기 의지의 바람직하지 못한 부분으로서 존재한다. 우리는 신비주의가 항상 "자아의 소멸"을 목표로 한다는 말을 듣는다. 그러나 이것은 사실이 아니다. 프랑크푸르터는 참된 도덕생활을 주도하는 영혼의 변화에 대해 언급하고 있다. 즉 영혼이 윤리적으로 죽었으나 온전히 다른 사람으로 소생하는 것에 대해 말한다.

십자가를 지지 않는 실존의 윤리와 십자가를 지고 순종하며 사는 사람들의 윤리 사이에는 차이가 있다. 후자를 오 리를 가자고 하는 사람과 십 리를 동행하는 윤리라고 할 수 있다.

희생의 윤리

중세 시대와 현대 시대의 신비적 저술이 그렇듯이, 『독일신학』도 그리스도의 구속(救贖), 즉 구원이 지닌 "당신을 위한" 측면을 직접적으로 강조하지는 않는 듯하다. 그 책은 구원의 다른 측면, 즉 "당신 안에 계신" 그리스도에 더 관심을 기울인다. 여기에서 잠시 질문으로 돌아갈 기회를 갖는다. 프랑크푸르터는 우리에게 "당신을 위한 측면", 즉 그리스도의 고난의 대속적(代贖的)인 본질과 참된 기독교적 책임을 감당하게 하는 대속적인 본질을 가져다 주는 하나님의 자기 계시라는 부분에 대한 직관을 가지고 있다. 이러한 관점에서 그리스도를 묘사한다(제13장). 그는 "의"에 대해서 말하면서, 어떤 사람이 "불의를 대적하는 원수라면, 그는 동료 인간에게서 불의를 감지할 때마다 그를 대신하여 희생적으로 행동하고 고난을 당하려 하며, 그 불의를 제거하려고 노력할 것이다."라고 말한다(제39장). 다시 말해서, 윤리적 책임에는 대속적인 희생의 행위, 고난을 포함하는 행동이 수반된다. 그러므로 도덕적인 삶에는 종종 인기가 없는 동기, 불의에 대한 반항이 포함된다. 하나님을 사랑한다는 것은 만물을 사랑하는 것이라는 선언이 안전한 철학적인 관찰하는 것에만 머물러서 안된다. 프랑크푸르터는 그것을 행동으로 옮겨야 한다고 생각한다. 그러한 행동은 우리 주님처럼 대신하여 고난을 당하는 대속적인 본질을 지닌다. 즉 오 리를 가자고 하는 사람과 십 리를 동행하며, 오른 뺨을 때린 사람에게 왼편 뺨을 돌려대는 것이다.

루터도 기독교 윤리의 기초에 대해서 같은 말을 했다. 그것은 이성적인 결정을 내리는 것이 아니라, 십자가를 지고 이웃을 위해서, 이웃과 함께 사는 것이었다. 루터에 의하면, 세상에서의 기독교인의 행위는 "그리스도께서 시작하신" 사역의 연장이다. 기독교인들은 그리스도를 신뢰하고 의지하는 사람들이며, 그리스도의 능력에 의해서 온 세상을 대속적으로 도와주는 사람이다. 기독교인들은 "가난한 거지들"처럼 보이지만 모든 것을 소유한다. 세상은 대속적인 영적 관계의 힘을 깨닫지 못하며, 그에 대해 기독교인들에게 감사하지 않는다. 경건하지 못한 사람들은 그리스도의 이름과 능력 안에 있는 기독교인들의 "영적 통치"의 혜택을 받는다. 육적으로나 영적으로 인류의 행복에 보이지 않게 개입하는 기독교의 신비에 대해 루터가 말하는 방법과 프랑크푸르터의 방법은 비슷하다. 루터도 프랑크푸르터와 마찬가지로 이 사명은 그리스도와 함께 지옥으로 가서 겸손에 대한 교훈을 배운 사람들만 성취할 수 있다고 주장한다.

도덕적 삶에서 규칙의 위치

『독일신학』은 진정한 윤리적인 사람은 규칙으로부터 자유로우며, 동시에 규칙의 구속(拘束)을 받는다고 주장한다. 프랑크푸르터는 "자유 영의 형제자매들"과는 달리 규칙과 질서를 옹호한다. 프랑크푸르터에 의하면, 참된 종교인은 결코 제한을 받지 않는다는 그들의 주장에는 "성격이나 교리가 중요하지 않다는 신념"이 포함되어 있으므로, "교만한 사람들은 거룩한 교회의 모든 규칙과 질서와 법과 성례전을 무가치하다고 여긴다. 그들은 이러한 것들과 이것들을 준수하고 존중하는 모든 사람들을 조롱한다"(제23장). 자유 영의 형제자매들은 자기들이 소유하고 있다고 주장하는 빛을 본 사람들에게는 도덕적인 규칙이 구속력을 갖지 못한다고 주장한다(제37장).

그러나 규칙과 질서는 도덕적 삶에 반드시 필요한 요소들이다. "인간의 법과 명령은 겉사람에게 속한다. 사람이 그보다 더 좋은 것을 알지 못할 때, 이러한 것들이 필요하다. 이러한 것들이 없다면, 사람들은 무엇을 행해야 하고, 무엇을 하지 않아도 되는지 알지 못할 것이며, 결국 개나 소처럼 될 것이다"(제37장).

그러나, 자기 의지를 죽이고 하나님께 순종하는 사람은 어떤 의미에서 법과 규칙을 초월한다. "조명(照明: illumined)된 사람"은 도덕적인 행동이 선한 사람을 만드는 것이 아니라, 하나님께 순종함으로써 선한 사람이 된다는 것을 안다. 조명된 사람은 상을 기대하고서 선을 행하는 것이 아니다.

그러나 타는 떨기나무의 경험을 것과는 달리, 주님을 조금 더 잘 알게 된 사람에게 법과 질서는 오직 새로운 방식에서 도덕적인 인간의 삶에 속한다는 것을 깨닫는다. 그때 그는 "하나님은 행위를 사랑하시지만, 모든 행위를 사랑하시는 것이 아니다"라고 말할 수 있다. 하나님은 "참 빛과 참 사랑의 교훈과 가르침으로부터 나오는" 행위를 사랑하신다. 하나님 안에서의 깊은 안식(安息)으로부터 나온 행위를 하나님은 매우 기뻐하신다(제45장). 새로 태어난 삶이 있듯이, 새로 태어난 규칙도 있다.

마틴 루터는 기독교인은 모든 사람 중에서 가장 자유로우며, 아무것에도 속박을 받지 않는 동시에 모든 것으로부터 속박을 받고, 모든 것에 예속된다고 말함으로써 인간의 삶의 질서를 요약했다. 이 이해하기 어려운 진리가 『독일신학』에 들어 있다.

기독교 윤리의 기초에 대한 현대의 논의에서는 "행동 중심주의"와 "규칙 중심주의"의 차이점을 다룬다. 그 구분은 여러 면에서 500년 전에 신비가들과 도덕가들이 직면했던 문제와 흡사하다. 도덕이란 과거와 미래와는 관계가 없는 개인적인 행동과 관련된 것인가? 아니면 전통과 공동체에 의해서 제정되고 전해오는 규칙에도 하나님의 사랑이 부분적으로 있는가? 프랑크푸르터는 후자에 동의할 것이다. 그러나 그는 그리스도의 인도 하에 모든 규칙을 초월할 수 있다고 덧붙인다. 그때 표면적인 율법과 규칙은 사라진다. "하나님의 영으로 인도함을 받는 사람들은 하나님의 아들이며 어떤 면에서 율법 아래 있지 않다고 한 사도 바울의 말을 이런 의미로 이해해야 한다"(제28장).

윤리적 책임의 비밀

『독일신학』에서 우리는 짐을 운반해 달라는 부탁을 받지 않는 한 짐을 나를 수 없다고 했다. 교만한 사람이 도덕적 삶과 하나님 안에서의 삶의 긴밀한 관계를 받아들이는 것은 쉽지 않다. 여러 문제와 사람을 너무 잘 알기 때문에 멸시하는 마음이 생길 때, 현실의 삶에서 사람들에게 순종하는 것이 견딜 수 없게 될 때, 아무리 탄원하고 항거해도 불의가 조금도 개선되지 않을 때, 우리는 믿음의 도덕적인 도전에는 이성적인 결정 그 이상이 포함되어 있음을 알게 된다. 그것은 눈으로는 볼 수 없는 주님의 현존하심이 있다. 주님의 현존의 체험은 우리의 사랑과 희망을 새롭게 한다. 즉, 우리는 다시 젊어지게 된다. 프랑크푸르터는 현실적으로 삶의 체험이 없이 다음과 같이 말한 것이 아니다: "신화된 사람의 마음 안에서 사랑은 불순하며 혼합되지 않고 더럽혀지지 않으며, 그리고 그 사랑은 모든 인간과 피조물을 향한 선한 뜻에 의해 생겨난다. 그러므로 인류와 모든 피조물은 진정으로 사랑 받아야 하며, 그들에게 가장 선한 것을 의도하고 원하고 행해야 한다"(제31장).

루터는 그러한 경험을 근거로 하여 자신이 마음속 깊은 곳에서 누구도 진정으로 미워하지 많았다고 말했다. 이것은 복음을 위해서 통렬한 말을 많이 사용한 사람다운 말이다. 그러나 그는 그리스도는 보이지 않게 살아 계시고 지켜보시고 보호하신다는 것을 알고 있었다. 많은 박해와 공격을 당하면서, 그리고 암살의 위협을 받으면서, 그는 이렇게 느꼈다. 루터는 자신이 짐을 나르려면 하나님께서 자기를 데려가셔야 한다는 것을 알았다. 기독교 윤리는 항상 모든 논리적인 계산의 배후에 있는 무리수를 의식해야 한다. 기도하면서 십자가를 지는 것이 기독교의 도덕적 헌신의 핵심이다. 언젠가 루터는 만일 세상이 곧 종말이 올 것을 안다면 어떻게 행동하겠느냐는 질문에 대해서, "나는 사과 나무를 심겠다"고 대답했다고 한다. 『독일신학』과 마틴 루터의 상상력 안에는 이러한 거룩한 도전이 스며 있다. 프랑크푸르터는 "우리가 이기적인 방법을 버리고, 자신의 의지에 대해서는 죽고, 오직 하나님과 그 뜻에 대해서만 살게 되기를 바란다. 우리가 이렇게 행할 때 아버지 하나님과 함께 성령과 연합하여 사시고 다스리는 분께서 도와주시기를 바란다"고 했다.

마틴 루터의

독일신학

편역자 마틴 루터의 서문

　우리는 사도 바울이 자신의 낮고 천한 신분에도 불구하고 두려움 없이 담대하게 편지를 썼고, 그의 말은 화려하고 유창하게 꾸며지지 않았지만, 지혜와 지식의 보배로 가득하다는 글을 읽었다.

　이것이 하나님께서 기적을 행하시는 방법이다. 이 놀라운 것들을 보면, 교만하고 허영심 많은 설교자들은 하나님의 말씀을 선포하도록 선택되지 않는다는 것을 알 수 있을 것이다. 기록된 대로 하나님은 *ex ore infantinum*, 즉 어린아이의 입을 통해서 가장 합당한 찬양을 받으신다. 하나님의 지혜는 말이 어눌한 혀를 풀어 가장 유창하게 말하게 만드신다.

　반면에 하나님은 무식한 사람들을 불쾌하게 여기고 성내는 오만한 사람들을 벌하신다.

　Consilium inopis(가난한 자의 조언)! 이제까지 사람들은 가난하고 천한 자들이 전한다는 이유 때문에 훌륭한 조언과 가르침을 멸시해왔다.

　이 말을 하는 이유는 이 책을 읽는 독자들이 이 책의 불완전하고 수식이 없는 표현 때문에 거부감을 느껴 자신을 해롭게 하는 위험에 빠지지 않도록 경고하기 위해서이다.

　이 책은 인간적인 지혜와 표현 자체를 놓고 볼 때는 보잘것 없지만, 참 지식과 거룩한 지혜가 가득한 귀중한 책이다. 성경적인 어리석음으로 말하자면, 내가 이제까지 배웠고 배우고 싶었던 것 중에서 성경과 어거스틴을 제외하고는 하나님, 그리스도, 인간, 그리고 만물에 관해서 이 책만큼 나의 관심을 끈 것이 없었다.

이제 나는 많은 유식한 사람들이 우리 비텐베르크 신학자들이 새롭고 엉뚱한 것을 퍼뜨리고 있다고 주장하면서 우리를 멸시하는 말을 하는 것이 얼마나 잘못된 것인지 확인하게 되었다. 그들은 우리가 주장하는 것들이 과거 어느 곳에서도, 누구에 의해서도 언급된 적이 없는 것처럼 말하지만, 실제로 그러한 사람들은 있었다. 다만 우리의 죄로 인한 하나님의 진노 때문에 우리는 그들의 말을 듣거나 인정하지 못했으며, 자격이 없는 자들로 여겨졌을 뿐이다.

그들의 메시지는 오랫동안 우리 대학에서 다루어지지 않았다. 하나님의 거룩한 말씀을 팽개쳐서 먼지에 파묻히고 좀 먹고 썩게 할 뻔했다.

이 작은 책을 읽고서, 우리가 비텐베르크에서 행하는 신학이 새로운 것인지, 아니면 견고한 전통 안에 있는 것인지 판단해 보라. 이 책은 결코 새로운 책이 아니다.

어떤 사람들은 우리를 독일 신학자라고 말할 것이다. 이것은 매우 공정한 일이다. 감사하게도 지금까지 다른 독일 신학자들이 라틴어나 독일어나 히브리어로 된 글에서 발견하지 못했지만, 나는 독일어로 내 하나님의 음성을 듣고 발견할 수 있다.

이 작은 책이 널리 알려지기를 하나님께 기도한다. 그렇게 되면 독일 신학자들이 분명히 가장 훌륭한 신학자들이라는 것이 확인될 것이다.

마틴 루터(Doctor Martinus Luter)
비텐베르크의 어거스틴 수도사

제1장

온전함과 불완전함이란 무엇이며, 어떻게 부분적인 것을 떨쳐 버리고 온전한 것이 되게 할 것인가?

사도 바울은 "온전한 것이 올 때에는 부분적인 것은 사라진다"(고전 13:10)라고 했습니다. 그렇다면, 온전한 것과 부분적인 것은 무엇입니까? 온전한 것(The Perfect)은 자기 안에 모든 것을 품고 포함하며, 자기의 존재 안에 존재하는 모든 것을 품고 포함하시는 분(Being)이십니다. 이 분이 없이, 그리고 이 분 밖에는 참 존재(true being)가 있을 수 없습니다. 그리고 이 존재는 만물의 중심(the core of all thing)이므로 만물이 그 안에서 존재를 갖습니다.[1]

---

1) 고린도전서 13장 10절을 참조하라. 완전한 것에서 "떨어져 나온 것"은 그 것의 "일부분"이라는 뜻이다. 라틴어로 volkumen(또는 volkomen)이란 완전(perfection) 또는 온전함(wholeness)을 의미한다. 여기서 volkomen이라고 할 때 육체, 영혼, 정신의 통합된 인간, 또는 신인합일(또는, 연합)을 의미한다. 즉, 사도 바울이 말하는바 "부분적인 것"과 같은 뜻으로 사용되는 단어로서, 이것과의 반대가 "온전함"이다.

루터의 독일신학에서 하나님의 존재(Being)를 의미하는 단어로 Wessen을 사용한다. 이 책에서 Wesenheit(궁극의 존재; Being)는 실체들(wesenheiten; beings)를 생산한다고 말하고 있다. 그러므로 모든 존재들은 참존재, 긍극의 존재 없이는 있을 수 없다.

이 궁극적인 존재는 다른 모든 것이 변해도 본질상 불변(不變)하여 부동(不動)합니다.[2]

태양이 빛과 광채를 발하듯이, 온전하지 못하고 부분적인 것들은 이 온전함으로부터 유래되며 여러 가지 모양으로 나타납니다.

그러나 이 부분적인 것은 온전하지 못합니다. 따라서 온전한 것은 이들 중 어느 것과도 동일시될 수 없습니다.

부분적이고 불완전한 피조물은 이해되고 알려지고 말로 묘사될 수 있습니다. 그러나 피조물은 온전하신 창조주를 동일한 방법으로 이해하거나 알거나 묘사할 수 없습니다. 왜냐하면 우리는 피조물이기 때문입니다.

온전한 것은 피조물이 아니므로 이름이 없어야 합니다.[3]

쉽게 비유로 설명한다면: "바람"을 Wesenheit(Being)로, "바람 소리들"을 (wesenheiten; beings)라고 한다면, 바람은 소리가 없지만, 소나무에 부딪칠 때 "솔바람"이 나고, 나팔에 부딪칠 때 "나팔 소리"가 난다. 그러므로 모든 소리들 (wesenheiten; beings)은 "바람"(Wesenheit; Being)이 있어서 존재한다.

2) 이 구절은 "우리가 그를 힘입어 살며 기동하며 존재하느니라 너희 시인 중 어떤 사람들의 말과 같이 우리가 그의 소생이라 하니"(행 17:28)라는 말씀을 인용하고 있다, 여기서 사용한 존재(wessen)라는 뜻은 특정하지는 않았지만, 하나님의 존재(God's Wessen)를 토대로 하여 모든 분리된 존재와 그 주변의 근원, 근저, 그리고 지속력(sustaining power)을 의미한다.

3) 루터의 독일신학에 이렇게 되어 있다: "Darum nennet man das volkommen nit wan es ist dieser keins." 만델(Mandel)은 루터의 1518년 판 독일신학을 편집하고 비평적으로 분석했다. 그는 텍스트의 가독성을 높이기

피조물은 온전한 것을 분별하거나 이해하거나 이름을 붙이거나 생각할 수 없습니다.

온전한 것이 올 때는 불완전한 것은 배격될 것입니다.

그렇다면, 언제 온전한 것이 오는 것입니까? 영혼 안에서 가능한 정도까지 그것이 알려지고 느껴지고 맛보아질 때 옵니다.4)

혹 어떤 사람은 이렇게 질문할 것입니다: 피조물은 온전한 것을 알거나 이해할 수 없고, 영혼은 피조된 것인데, 어찌 영혼 안에서 온전한 것이 알

위해 텍스트를 조금 수정하면서, nit에 따옴표를 붙여서 명사화 해서 완전한 '무'(Nought)라고 했다." 루터의 독일신학에서는 nichtz를 명사로, nit를 부사로 사용한다. 그러나 두 경우 문장의 의미는 동일하다. 부정의 신학(Theologia Negativa)에서 하나님을 '무'(無; Noughts)라고 함으로써 하나님의 타자성(otherness)을 표현했다.

4) 뷔르츠부르크(Fn. 16 참조)는 다음과 같은 추가 사항을 가지고 있다. "그것은 우리에게 전적으로 달려 있고 완벽한 존재가 아니다. 이와 비슷하게 태양은 온 세상을 비추고 다른 생물과 마찬가지로 한 생물에 가깝지만, 장님은 볼 수 없다. 태양에 결핍이 있는 것이 아니라 장님에게 있다. 태양은 그 밝음을 감추지 못하고 대지를 밝혀야 하므로, 또한 가장 높은 선인 하나님은 모든 창조물로부터 철저히 정화된 예배하는 영혼을 어디서 찾든지 누구에게도 자신을 숨기려 하지 않는다. 우리가 피조물을 미루는 방법에 따라 창조주를 받을 수 있습니다. 많든 적든. 내 눈이 무언가를 보려면 다른 모든 것에서 정화되어야 하기 때문이다. 열과 빛이 유입되는 곳에서는 냉기와 어둠이 출발해야 합니다. 그렇지 않을 수 없습니다."(뷔르츠부르크-베른하트, 페이지 94). 만델은 "루터가 사용한 텍스트의 독창성은 [뷔르츠부르크]가 답을 예상한다는 사실 때문에 명백하다"고 평했다.

려질 수 있습니까?

그에 대해서 이렇게 대답할 수 있습니다: 그러므로 우리는 영혼을 피조물이라고 말합니다. 다시 말해서 피조물은 그 피조성을 토대로 해서는 온전한 것을 알 수 없습니다. 그러므로 이 온전한 생명이 피조물 안에서 알려지려면, 피조성, 즉 이기심을 버리고 죽여야 합니다.

이것이 온전한 것이 올 때–마음속에서 온전한 것이 알려질 때–에는 부분적으로만 존재하는 것–피조성, 이기심, 충동적인 욕망–은 멸시받고 무가치하게(nought) 여겨질 것이라는 사도 바울의 말의 의미입니다.5)

이런 것들을 붙잡고 집착하는 한 온전한 것을 알 수 없습니다.

어떤 사람은 이렇게 말할 것입니다: 당신은 이 온전함, 이 온전한 존재를 떠나서는 아무것도 존재하지 않는다고 주장하면서, 또 온전한 것으로부터 무엇인가가 흘러나온다고 말합니다. 그렇지만, 이렇게 온전한 분에게서 흘러나왔다는 것은 그분 밖에 있다는 것입니다. 그렇지 않습니까?

그에 대해서 나는 이렇게 대답합니다: 그러므로 우리는 온전하신 분(the Perfect) 밖이나 그분이 없이는 참된 존재가 없습니다. 그분에게서 흘러나온 것은 참된 존재가 아니며, 온전한 분 밖에서는 존재를 갖지 못합니다. 그것은 우연한 것(accidental)6), 또는 광채나 광선으로서, 태양이나

---

5) 1518년 비텐베르크 판에 갈망을 *meinheit*라는 단어를 구사했는데, 이는 라틴어로 *concupiscentia*로서 감각적 자극으로 인해 소유하려는 갈망을 의미한다.

6) 창조된 세계의 우연이란 아리스토텔레스가 말하는 "본질과 우연적 속성"을 말하는 형이상학적인 의미와 다르다. 아리스토텔레스가 말하는 우연이란

불이나 촛불이 광채를 발한다는 의미에서의 "존재(being)"일 뿐입니다.

"물질"과 상관 없이 생겨나는 것을 말한다. 오히려 이 책의 저자는 신플라톤주의 관점을 반영한다. 루터의 신학은 "경험적인 지혜"(*sapientia experimentalis*)로 정의된다. 이는 학문과 학문 이전의 삶의 세계를 모두 포괄하는 것이며, 이론과 실천을 하나로 통합한다. 그러므로 이 문장에서 저자는 우연이란 아리스토텔레스가 말하는 "본질과 우연"과 상관이 없으며, 인간은 존재(Being) 안에 존재(being)한다는 점을 말하고 있다. 즉 "우연"(zufall)이란 창조된 존재는 궁극의 존재 밖에서는 존재할 수 없음을 뜻한다. 사도 바울의 "우리가 그를 힘입어 살며 기동하며 존재하느니라"(행 17:28)고 한 말씀을 상기시킨다.

제2장

죄란 무엇인가? 선은 오직 참된 선이신 하나님에게만 속해 있으므로, 어떻게 선한 것을 자기의 것으로 돌리지 말아야 할 것인가?

성경, 진리, 그리고 믿음은 죄란 피조물이 불변하시는 선을 버리고 변화하는 무상한 것을 향하는 것이라고 선언합니다.

다시 말해서 피조물이 온전하신 분에게서 등을 돌려 불완전한 것, 분리됨, 부분적인 것, 그리고 자기 자신을 향하는 것입니다.[1]

피조물이 스스로 존재, 생명, 지식, 힘 등이라는 선(善)의 하나인 것처럼, 또는 선이신 하나님이 자신의 소유인 것처럼 여겨 자신을 위해서 존재, 생명, 지식, 힘 등 선이라고 규정할 수 있는 모든 것을 취할 때, 그러한 상태에서 피조물은 하나님을 버리고 떠나는 것입니다.

마귀가 바로 그렇게 행동하지 않았습니까? 그의 배교(背敎)와 타락은 그가 스스로 대단한 존재이며 대단한 것이 자기의 소유이며 재산이라고 가

---

1) 인간의 죄악에 대한 프랑크푸르터의 취급에는 거의 독점적인 윤리적 고리가 있다. 프랭크 퍼터의 죄에 대한 관념은 의지와 관련짓는다. 그것은 하나님이 인간 의지의 대상이기를 원하지만, 인간은 자신이 주체가 되기 원한다는 것이다. "죄의 척도(gauge)는 하나님의 나라와 세상 간의 관계에도, 심리적인 작용에도 있는 것이 아니라 두 개의 의지 간의 관계이다."

정(假定)한 것입니다.[2]

 그러한 가정, 그리고 그의 자기중심주의가 곧 그의 배교이며 타락이었습니다. 지금도 마찬가지입니다.

---

 2) 여기서 갈망(concupiscence)라고 한다. 즉, 아담의 죄는 마귀의 유혹으로 시작된다: "여자가 그 나무를 본즉 먹음직도 하고 보암직도 하고 지혜롭게 할 만큼 탐스럽기도 한 나무인지라"(창 3:6). 이와 같은 유형의 시험은 예수님의 광야 40일 동안에도 나타난다(마 4:110 참조). 사도 요한은 세 가지 주된 정욕을 말한다: "이는 세상에 있는 모든 것이 육신의 정욕과 안목의 정욕과 이생의 자랑이니"(요일 2:16). 『필로칼리아』 교부들은 여기서 말하는바 식탐과 탐욕과 허영을 주된 죄로 여겼으며, 이 셋이 들어올 때 이미 상처를 받은 영혼 안에 다섯 가지 정념(음란, 분노, 슬픔, 나태, 교만)이 따라 들어온다고 한다.
 여기서 독일신학의 저자는 소유욕(재물)과 허영(그것이 "대단하다"고 여김)을 배교와 타락의 원인이라고 한다.
 그러나 현대 사회적 통념은 이러한 갈망들을 "보편적인 윤리"라고 여기면서 죄의 원인, 즉 죄종에 대한 긴장을 해제하고, 기독교의 윤리적 근본 가치관을 해치고 있다.

제3장

아담의 타락과 마찬가지로, 어떻게 인간의 타락이 해결되어야 할 것인가?

아담이 행한 것도 바로 이것이었습니다.

우리는 아담이 선악과를 먹었기 때문에 버림을 받고 타락했다고 말하곤 합니다.

그러나 나는 아담이 타락하고 버림을 받은 것은 그의 주제넘음, 그리고 그의 자기중심주의 때문이라고 생각합니다.

아담이 선악과를 일곱 개를 먹었다고 해도, 그 행동이 그의 주제넘음(presumption)과 연결되지 않았다면, 그는 타락하지 않았을 것입니다.

그러나 그의 주제넘음이 발생하는 순간에 그는 타락했습니다. 그런 일은 그가 선악과를 먹지 않았어도 발생할 수 있었을 것입니다.

그러나 나는 아담보다 백배나 더 깊이 타락했고 백배나 더 멀리 길을 벗어났습니다. 이 세상에 사는 사람은 누구도 아담의 타락과 배교(背教)를 바로잡거나 원상태로 돌릴 수 없었습니다.

그렇다면, 어떻게 해야 타락을 속량할 것인가? 그것은 아담의 타락과 마찬가지로 아담의 타락을 바로잡으신 분에 의해서 동일한 방법으로 바로잡혀야 합니다.

그렇다면, 누가 어떤 방법으로 이 치유를 행했습니까?

하나님이 없이 인간이 그 일을 할 수 없었고, 하나님은 인간이 없이 그 일을 행하려 하지 않으셨습니다. 이런 까닭에, 하나님이 인성을 취하신 것입니다. 하나님은 인간이 되시고, 인간은 신화(神化; divinization)되었습니다. 이런 방법으로 타락이 바로잡혔습니다(amend).[1]

나의 타락도 동일한 방법으로 고쳐져야 합니다. 하나님이 없이 내가 그 일을 할 수 없고, 내가 없이 하나님이 그 일을 행하거나 명하시거나 원하시지 않습니다. 그 일이 발생하려면, 하나님이 내 안에서 인간화되셔야 합니다. 이것은 곧 하나님께서 내 안에 있는 모든 것을 취하셔야 하며, 그럼으로써 내 안에 하나님을 거부하거나 하나님의 사역을 방해하는 것이 전혀 없어야 한다는 것을 의미합니다.

하나님께서 세상에 있는 모든 인간을 택하셔서 그들 안에서 인간이 되시고 그들이 하나님 안에서 신화된다고 해도, 그 일이 내 안에서 일어나지 않으면, 나의 타락과 배교는 결코 치유되지 못할 것입니다. 그 일은 반드시 내 안에서 발생해야 합니다.

이처럼 회복되고 치유될 때, 나는 스스로 무엇을 행할 수 없고 행하지도 않으며, 다만 그 일이 발생하는 대로 내버려 둘 뿐입니다. 이것은 하나님만 일하시고, 나는 하나님의 뜻과 사역이 이루어지도록 참고 견딘다

---

[1] 인간과 관련된 말은 "*mocht nit*"은 "할 수 없다(unable)"이며, 하나님에 관한 단어는 하나님의 뜻이 "이루어질 것이다"(should, 또는 would)로 표현한다. 이 책의 저자는 *pessering*(동사: *pessern*)라는 단어를 사용했는데, 이 말의 뜻은 "보수(amending)", "구원(redeem)", 또는 "치유(healing)"라는 등의 의미로 사용된다.

(suffer)는 뜻입니다.[2]

이것을 참고 견디지 않고 이기적인 자아가 나를 다스리는 것은 곧 하나님께서 방해를 받지 않고 홀로 역사하지 못하게 방해하게 됩니다.

이런 까닭에 나의 타락과 배교는 속량되지 못한 상태로 남습니다. 안타깝게도 나의 주제넘음이 이 모든 일을 초래합니다.

---

[2] 하나님께 순복하고, 하나님만이 할 수 있는 일을 하게 하고, 그가 우리 안에 있는 모든 일을 하도록 "참고 견딘다(suffer)"는 것, 이것은 마틴 루터가 끊임없이 칭의의 본질임을 일깨워주는 말이다.

제4장

인간이 자기에게 선한 것이 있다고 주장함으로써 어떻게 자멸하여 하나님께 속한 영광을 가로채는가?

하나님께서는 "나의 영광을 다른 사람에게 주지 않는다"(사 42:8; 48:11)라고 말씀하십니다. 이것은 단지 영광과 존귀는 하나님께만 속한다는 의미입니다.

내가 스스로 선하다고 생각하거나, 내가 홀로 선을 행할 수 있다거나, 선을 안다거나, 선이 나에게서 나왔거나 나의 소유이거나 나의 몫이라고 여겨서 선행을 한다고 생각하고서, 어떤 선한 것을 나의 업적이라고 주장하는 것은 공로와 영광을 도둑질하는 것이며, 두 가지 악을 범하는 것입니다.

첫째, 앞에서 지적한 것처럼 하나님에게서 멀어지고 배교(背敎)하게 됩니다.

둘째, 하나님의 영광을 감소시키며, 하나님에게만 속한 것을 나 자신의 것으로 간주하게 됩니다.

선이라는 용어 중 인간에게 합당한 것은 하나도 없습니다. 그것은 오직 영원하신 분, 참되신 선에게만 속합니다. 그것을 자기의 것으로 주장하는 사람은 불의하게 행동하며 하나님을 거스르는 사람입니다.

제5장

인간은 규범, 의지, 사랑, 욕망, 지식 등에 대해 비워야 한다는 주장을 어떻게 이해할 것인가?

인간은 하나님 앞에서 규칙, 의지, 사랑, 지식 등으로부터 자유로워야 한다고 주장하는 사람들이 적지 않습니다.[1]

그러나 이것은 인간 안에는 지식이 없다거나, 하나님이 인간 안에서 알려지거나, 사랑받거나 찬양을 받지 않으신다는 의미가 아닙니다. 만일 그렇다면, 그것은 하나님의 경륜 안에 있는 큰 결점일 것입니다. 그렇다면, 인간은 말못하는 짐승처럼 될 것입니다.

그러나 규칙과 의지 등의 부재란 실제로는 하나님을 인정하는 것이 매우 분명하고 완전한 것이므로, 이 지식은 인간의 지식이나 어떤 피조물의 지식이 아니라 영원하신 분, 즉 영원한 말씀의 지식이라는 의미입니다.[2]

---

1) 이 사람들이란 "정적주의자(Quietist)"를 가리킨다.

2) 의지, 사랑, 선한 것이 인간에게서 나온 것이 아님을 말한다: "나를 떠나서는 너희가 아무 것도 할 수 없음이라"(요 15:5); "네게 있는 것 중에 받지 아니한 것이 무엇이냐"(고전 4:7); "우리가 무슨 일이든지 우리에게서 난 것 같이 스스로 만족할 것이 아니니 우리의 만족은 오직 하나님으로부터 나느니라"(고후

따라서 인간(또는 피조물)은 자신의 자아를 위해서는 아무것도 요구하지 않고 새로운 것을 추구하기 시작합니다. 그가 자신을 위해서 취하는 것이 적을수록, 그는 그만큼 더 온전하고 온전해집니다.

의지, 사랑, 그리고 욕구 등이 이 변화를 반영합니다. 사람이 이러한 능력들을 자신의 것으로 주장하지 않을수록 그것들은 그만큼 더 투명해지고 거룩해지며, 그가 그것들을 자신의 것으로 주장할수록 그것들을 더 천해지고 오염되고 불완전해집니다.

그러므로 그와 같이 매우 더러운 것들, 즉 그릇된 주장을 제거해야 합니다. 그것들을 제거하는 데 비례하여, 우리는 인간의 내면에 거할 수 있는 가장 고귀하고 분명한 지식, 그리고 가장 고귀하고 깨끗한 사랑과 욕구를 소유하기 시작합니다. 그때 이러한 능력들은 모두 하나님의 것입니다. 그것들은 피조물에 속하지 않고 하나님에게 속할 때 더 고귀하고 선합니다.

내가 어떤 선을 나 자신의 것으로 돌리는 것은 선이신 하나님이 나의 것이라거나 내가 선이라고 생각하는 망상에서 비롯됩니다. 나에게 내적인 지식이 있다면, 내가 지극히 선하신 하나님이 아니라는 것, 그 선이 내 것이 아니라는 것, 그 선이 나에게서 나오지 않는다는 것 등을 알 것입니다. 그러한 지식에 의해서 그릇된 가정이 제거될 것입니다.

비록 예배자가 하나님을 찬양하고 사랑하지 않으면 하나님이 찬양과

3:5).

사랑과 존귀를 받지 못하시고 알려지지도 못하시는 듯이,[3] 예배자 자신이 사랑과 찬양을 만들어낸다고 생각하더라도, 하나님과 거룩한 것들이 알려지고 사랑받고 찬양을 받는 편이 낫습니다.

왜냐하면 망상과 무지가 진리에 대한 깨달음으로 바뀔 때, 선이 우리에게서 나온다는 생각은 저절로 사라질 것이기 때문입니다.

그때 인간은 "나는 어리석게도 내가 선이라고 생각했지만, 진실로 하나님이 선이며 선이셨다"라고 말할 것입니다.

---

3) 루터의 독일신학에서는 "사랑받지 못하는"(*ungeliebt*, unloved)이 아니라 "사랑받는"(*geliebt*, loved)이라는 단어였다. 논리적으로 보면 "사랑받지 못하는"(*ungeliebt*, unloved)이 맞는다. 루터가 편집하면서 오류를 범했는지, 타이핑과 인쇄 과정에서 오류가 나타났는지는 알 수 없다.

제6장

사람은 어떻게 가장 높고 좋다는 이유 하나만으로 다른 것보다 우선하여 그것을 사랑할 수 있는가?

보에티우스[1]는 말하기를, 우리가 가장 좋은 것을 사랑하지 않는다는 사실은 온전치 못한 상태에서 비롯된다고 했습니다. 그의 말은 옳습니다. 우리는 가장 좋은 것을 가장 소중히 여겨야 합니다. 이 사랑은 유익함이나 무익함, 칭찬이나 비방, 이익이나 손해, 명예나 불명예 등에 관심을 기울이지 말아야 합니다. 그러나 진실로 가장 고귀하고 좋은 것은 가장 소중한 것이어야 하며, 바로 그 사실 때문에 그것은 가장 선하고 고귀합니다.

---

1) 보에스티우스(성 세베리누스; Anicius Mantius Severinus Boethius)는 6세기 로마의 정치가이자 철학자였다. 그는 서 고트족의 테오도릭 왕과 친구였지만, 왕은 결국 그를 감금하고 공화주의와 다양한 죄명으로 사형에 처해졌다. 『철학의 위로』는 523년에 보에티우스가 오스트로고트 왕 테오도릭 대왕의 반역죄 혐의에 대한 재판과 사형 집행을 기다리는 동안 쓰였다. 그의 경험은 하나님이 다스리는 세상에서 악이 어떻게 존재할 수 있는지(신앙의 문제)와 변덕스러운 행운 속에서도 행복이 여전히 실현 가능한지를 반영하는 동시에 행복과 하나님의 본질을 고찰하는 데 영감이 되었다. 이 책은 "지금까지 세계에서 가장 흥미로운 교도소 문학 작품"이라고 평을 받고 있다.

사람은 표면적인 것과 내면적인 것에 따라서 자기의 삶을 조정해야 합니다.[2]

피조물 사이에는 하나의 계급 체계가 있기 때문에, 표면적인 것들 안에 그러한 질서가 확립되어야 합니다: 영원한 선은 어떤 사람 안에서는 다른 사람의 내면에서보다 더 크게 빛나고 더 많이 일하므로, 영원하신 선과의 관계에 있어서 어떤 것은 다른 것보다 더 선합니다.

내면에서 매우 분명히 빛을 발하고 일하고 알려지고 사랑받는 영원하신 선을 가진 사람이 가장 선합니다.

그리고 내면에서 이것이 가장 적게 발견되는 사람은 가장 선하지 못합니다.

그러므로 우리가 다른 사람들과의 관계에서 그러한 차이점에 대한 지식을 적용해 보면, 가장 선한 피조물이 우리에게 가장 귀한 것으로 드러납니다. 우리는 그러한 사람들을 붙들어야 하며 그들과 교제해야 합니다. 특히 하나님에게 속하는 길을 소유한 사람, 즉 선, 진리, 평화에 대한 사랑, 의(義) 등에 있어서 하나님에게 속한 것들을 소유한 사람들을 굳게 붙들고 그들과 교제해야 합니다.

동일한 방법으로, 우리는 자신의 겉사람에게 명령하며, 하나님의 길을 대적하는 것들을 거부하고 그것들로부터 도망칠 수 있습니다.

---

2) "표면적"(external)이라는 표현은 피조 세상에 나타나는 선을 지칭할 때 사용하는 단어이다. 이와 반대로 피조물 표상이나 그 이면에 감추어진 선을 염두에 둘 때 "내면적"(internal)이라고 표현한다. 이에 대해서 제55장과 제56장에서 다룬다.

그러나 만일 우리의 속사람이 온전하신 분에게로 도약한다면, 우리는 온전하신 분이 모든 불완전한 것보다 무한히 고귀하고 선하시다는 것을 발견하고 맛보게 될 것입니다.

우리의 속사람은 무상한 것을 초월하는 영원하신 분을 발견하며, 모든 것 아래서 그분으로부터 흘러나오며 영원히 흐를 샘을 발견할 것입니다.3)

이 경험에 의해서, 우리는 불완전하고 부분적인 것을 원하는 취향을 잃게 되어, 그것을 무가치하게 여길 것입니다. 만일 가장 고귀하고 선한 것이 당신이 가장 사랑하는 것이 되려면, 지금까지 설명한 일이 일어나야 합니다.

---

3) 마이스터 에크하르트도 "하나님을 발견하려는 영혼은 모든 피조물을 초탈해야 한다"라고 했다.

제7장

영원과 시간을 볼 수 있는 두 개의 내면의 눈과 어떻게 한 눈이 다른 눈에 의해 방해를 받을 수 있는가에 대해서.

그리스도의 영혼은 오른쪽 눈과 왼쪽 눈 두 개를 가지고 있다고 합니다.[1] 태초에 이 두 눈이 창조되었을 때,[2] 그리스도의 영혼은 오른쪽 눈은 영원과 신성(Godhead)을 향했고, 그리하여 거룩하신 분과 그 온전함을 보고 그 안에 참여했습니다. 이 시각은 온갖 변화, 고생, 동요, 고난, 고뇌, 고민-사람의 표면적인 삶에서 경험되는 것을 초월하는 환난-에도 불구하고 움직이지 않고 방해를 받지도 않았습니다.

동시에 그리스도의 영혼의 왼편 눈은 피조물의 세상을 꿰뚫어 보고, 우리의 특성을 식별하며, 누가 더 선하고 누가 덜 선한지, 누가 더 고귀하고

---

1) 에크하르트는 다음과 같이 쓰고 있다. "스승은 영혼은 두 개의 얼굴을 가지고 있다고 한다. 높은 눈은 항상 하나님을, 낮은 눈은 아래를 보고 감각에게 알려준다. 높은 눈은 영혼의 정점으로서 영원을 바라본다. 그 눈은 육신과 시간에 대해서 전혀 모른다." 여기서 선(Good)의 기원, 성령을 말하고 있다.

2) 여기서 "창조된"(created)이란 지상의 삶, 그리스도의 지상의 삶을 의미한다. 독일신학에서 그리스도를 통해 인간의 모습으로 육화된 하나님이라고 여긴다. 그러므로 이 "창조된"(created)을 "유한한 모습으로 드러난"으로 해석할 수 있다.

누가 덜 고귀한지를 보았습니다. 그리스도의 겉사람은 이러한 내적인 분별에 따라서 형성되었습니다.

그리스도의 속사람, 영혼의 오른편 눈으로 보는 시각은 항상 신성, 온전한 행복과 기쁨에 온전히 참여했습니다.

그러나 그리스도의 겉사람, 즉 왼편 눈은 고난, 고통, 고뇌에 온전히 개입되어 있었습니다. 그러나 그런 일이 발생해도 내면의 오른편 눈은 겉사람이 대처해야 하는 온갖 고뇌와 고민의 영향이나 방해를 받지 않았습니다.

그리스도께서는 기둥에 묶여 매를 맞으셨을 때, 그리고 십자가에 달리셨을 때 그의 겉사람이 이 모든 일을 경험하셨지만, 속사람, 오른쪽 눈의 기능은 승천하신 후나 지금 순간에 경험하시는 것과 동일한 행복과 기쁨 안에서 안식하셨다고 합니다.

마찬가지로, 그리스도의 겉사람, 왼편 눈의 기능 안에 있는 영혼은 그 외적 의무를 수행할 때 결코 방해를 받거나 약해지지 않았습니다.

피조된 인간의 영혼도 두 개의 눈을 가지고 있습니다. 한쪽 눈은 영원을 들여다보는 능력을 나타냅니다. 다른 편 눈은 시간과 피조 세계를 응시하며, 우리가 고상한 것과 그렇지 못한 것을 구분할 수 있게 해줍니다.

그러나 인간의 영혼의 일부인 이 두 눈의 기능은 동시에 수행되지 못합니다. 만일 영혼이 오른편 눈으로 영원을 들여다본다면, 왼편 눈은 죽은 것처럼 모든 활동과 행동을 중단해야 합니다. 만일 오른편 눈이 표면 세상에 속한 것들을 응시하려 한다면, 오른편 눈의 활동이 방해를 받을 것입니다.

제8장

어떻게 인간의 영혼이 몸 안에 있으면서 영원한 기쁨을 미리 맛볼 수 있는가?

사람들은 "영혼이 몸 안에 있는 동안에 영원에 대한 통찰을 획득할 수 있으며, 그럼으로써 영원한 생명과 영원한 복을 미리 맛볼 수 있습니까?"라고 묻습니다.

일반적으로 그에 대한 대답은 부정입니다. 어떤 의미에서 이것은 적절한 대답입니다. 영혼이 육적이고 일시적인 것, 피조물을 응시하며, 그 결과 이 무상한 세상의 영상(映像)으로 가득 차 있는 한, 영원한 생명을 붙잡을 수 없습니다.

영혼이 영원을 들여다보려면, 단련되어야 하며,[1] 상(image)을 비워야

---

1) 독일신학의 영역본에서는 독일어 *Lautter*를 "단련된"(chastened)이라고 번역했다. 그러나 본디 의미는 "깨끗한"(마 5:8 참조)이라는 뜻이지만, 그것은 정신적 기술(mental techniques)이 아니라, 삶의 교훈(진리)을 바르게 읽는 훈련을 통해서 얻어진다. 동방기독교의 실천(the practical)에 해당한다. 동방 수도사들은 "실천"으로 통해서 깨끗함 마음(apatheia)을 얻고, 깨끗한 마음으로 하나님의 지식(gnosis)을 얻는다는 영적 여정의 프레임에 해당한다.

하며,[2] 모든 피조물과 및 무엇보다도 자아의 요구로부터 이탈해야 합니다.

이것이 어떤 사람들이 이 세상에 사는 동안에는 영원을 파악할 수 없다고 주장하는 이유입니다.

그러나 디오니시우스는 이것이 가능하다고 합니다.[3] 그가 디모데에게 한 말에서 이 결론을 끌어낼 수 있습니다: "거룩한 신비를 보는 문제와 관련하여, 감각적인 것, 관능, 그리고 감각으로 붙잡을 수 있고 이성으로 이해하고 알 수 있는 모든 것-여기에는 피조된 것과 피조 되지 않은 것들이 모두 포함됩니다-으로부터 벗어나야 합니다. 그때 감각의 속박을 받는 것과 이성에 기초를 둔 것들을 의식하지 않고 자아에서 벗어나, 모든 인간적인 실존과 지식을 초월하는 것과의 연합으로 이동합니다."[4]

만일 세상에서 사는 동안에 그러한 이동이 가능하다고 여기지 않았다

---

2) "상을 비운다"(empty of images)라는 말은 기독교 신비가에서 회자되는 말이다. 긍정(kataphatic)의 전통의 보통 기독교인들은 세 가지 상을 이용하여 하나님을 알아간다: 감각적인 느낌; 상상으로 얻은 상, 교리적 개념. 그러나 부정(apophatic)의 전통에 있는, 특히 은거 수도자들은 이미 내면에 형성된 이미지를 의심하고 부정한다. 이 "부정"은 바르지 못한 기억이나 상, 또는 선입견을 정화하는 역할을 한다.

3) 초대 6세기 기독교 신비주의에 영향을 끼친 '위-디오니시우스'를 가리킨다. 루터는 디오니소스의 신비주의에 대해 의심을 했다. 거기에서 "자기-구원"(self-salvation)이라는 심각한 문제를 발견했기 때문이다.

4) 위-디오니시우스는 "신비 신학"을 쓰면서 그의 "친구 티모시"에 보내는 편지 형식으로 쓰고 있다.

면, 그가 이 세상에서 함께 여행하는 순례자에게 그것을 가르치고, 그에 따른 충고를 해줄 까닭이 없었을 것입니다.

더욱이, 어느 교사는 디오니시우스가 행한 이 일에 대해서 말하면서 그

삼위일체! 어떤 존재, 어떤 신,
어떤 선보다 높으신 분!
기독교인들을
천국의 지혜로 인도하시는 분이시여!
우리를 무지와 빛 너머로,
신비한 성경의 가장 멀고 높은 봉우리로
끌어올려 주십시오.
그곳에는 하나님의 말씀의 비밀들이 은밀한 침묵의 찬란한
어두움 속에 단순하고 절대적이고
변함이 없이 놓여 있습니다.
그것들은 가장 짙은 어둠에 둘러싸여 있으면서
가장 분명한 것에게 압도적인 빛을 부어줍니다.
그것들은 완전히 인식할 수 없고 볼 수 없는 것들에게
에워싸여 있으면서,
우리의 보지 못하는 정신에게
모든 아름다움을 초월하는 보물들을 채워줍니다.

이것이 나의 기도입니다. 친구 디모데여, 신비한 것들을 구하는 당신에게 충고합니다. 감각되고 이해되는 모든 것, 인식할 수 있고 이해할 수 있는 모든 것, 존재하지 않는 모든 것과 존재하는 모든 것을 잊으십시오. 그리고 모든 존재와 지식을 초월하시는 분과의 연합을 위해 힘껏 노력하십시오. 모든 것을 버리고 모든 것에서 해방되어 당신 자신과 모든 것을 절대적으로 완전히 포기함으로써, 당신은 존재하는 모든 것을 초월하는 하나님의 어둠의 광선에게로 들려 올라갈 것입니다.](『위-디오니시우스 전집』, 은성출판사, 엄성옥 역)

경험이 실제로 가능하다며, 그리고 인간의 삶에서 그 경험이 매우 자주 발생하여 그가 원할 때마다 영원을 들여다보는데 익숙해질 수도 있고 했습니다.

  영원을 바라보는 것(glace)은 다른 어떤 것(other glace)과도 같지 않습니다.[5] 그것은 하나님이 보시기에 고귀하고 사랑스러우며, 피조물이 피조물로서 하는 어떤 행동보다 가치가 있습니다.

---

  5) 이 문장은 어거스틴이 두 가지 종류의 인식(*cogino*, knowledge; awareness): 아침인식(*cogino matutina*)과 저녁인식(*cognitio vespertina*)을 구별한 것을 인용한 문장으로서, 두 인식 간의 차이를 말하고 있다.
  여기서 "영원을 바라보는 것"이 "아침인식"에 해당한다. 즉, "자아 인식"으로서 창조자 하나님의 형상에서 자기를 인식하는 것이다. 여기서 자아인식이란 자아의 자기애적인 자기반사(self-mirroring)가 아니라, 자기를 통한 자아의 조명이다.
  "다른 어떤 것"은 "저녁인식"에 해다하며, 인간 자신 및 피조물에 관한 인식을 말한다.
  어거스틴에 의하면, 창세의 엿새를 인간의 아침인식에서 저녁인식으로 점진적으로 변화하는 것을 상징하는 날들로 비견해서 설명한다. 창세 첫날은 하나님 안에서의 자기인식, 마지막 여섯째 날에는 인간 자신을 인식한다. 그렇게 아침인식이 점차 어두워지면서 저녁인식으로 변화한다. 이렇게 계속 피조물 안에서 자기(자아)를 상실하면서 점점 더 하나님인식이 상실된다.
  마이스터 에크하르트는 이에 대해, 피조물을 있는 그대로의 모습으로 인식하는 저녁인식과 피조 만물과 인간 자신이 모두 하나님 안에 있음을 인식하는 아침인식을 구분한다. 그러나 아침인식은 창조주 하나님이 자기 자신보다 더 까까이 계심을 인식하는 몰아(또는, 신인합일)의 상태에 이르거나, 동방의 은수사 헤시카스트들에게서 발견된다.

제9장

하나님은 인간을 통해서 무엇을 하기를 원하시는가? 혹은 하나님께서 무슨 일을 맡기려 하시는가에 주목하는 것이 왜 인간에게 좋고 유익한가? 하나님이 과거에 모든 피조물을 통해서 역사하신 것과 장래에 그것들을 통해서 무엇을 하실 것인지를 인간이 아는 것은 왜 유익한가? 복과 기쁨이 어떻게 피조물에서 발견되지 않고 하나님과 그의 역사 안에서 발견되는가?

우리는 단순한 진리가 무엇인지 알아야 합니다. 다시 말해서, 덕이나 선한 행동은 심지어 하나님이 선하시다는 고백도 영혼의 외부에서 발생하는 한 그 사람과 그의 영혼을 고결하거나 선하거나 복되게 만들지 못한다는 것을 알아야 합니다.[1]

동일한 원리가 죄와 악에도 적용됩니다.[2] 선하고 거룩한 사람들에 대해서, 즉 그들이 무엇을 행하고 어떤 고난을 받았는지, 또는 그들이 어떻

---

1) "영혼 밖에서 일어나는 선행이나 고백"은 감각(senses and reason)에 의존함으로 근본적이지 못한다. 차라리 그보다 "자기가 누구인지를 아는 인식"이 더 선하고 복된 상태에 이르게 한다.

2) 이것은 사악에도 동일하게 적용된다: "그러므로 죄와 사악이 우리 밖에 있는 한, 즉 우리가 그들에게 죄를 짓거나 동의를 주지 않는 한 우리를 사악하게 만들 수 없다."

게 생활했으며, 하나님께서 그들에게서나 그들을 통해서 어떻게 역사하시고 무엇을 원하셨는지 등에 대해 질문하고 듣고 정보를 수집하는 것은 권장할 만한 일일 것입니다.[3]

그러나 그보다는 인간이 자신의 내면 깊은 곳에서 자기 삶의 상태와 방법, 하나님께서 자기의 내면에서 행하고 역사하시는 것, 그리고 하나님께서 그들 사용하고자 하시는 방법 등을 깨닫고 이해하는 것이 한층 더 훌륭한 일입니다.[4]

그러므로 "밖으로 나가는 것보다는 내면에 머무는 것이 낫다"라는 말은 옳은 말입니다.[5]

영원한 복은 오직 하나님 안에만 뿌리를 두고 있습니다. 사람과 그의

---

[3] 중세에 성자에게 많은 헌신과 설교가 집중되었다. 성인에 관한 이야기는 매우 인기가 있었다. 이러한 현상을 가볍게 비평하지만, 마틴 루터는 그 비평의 강도를 높이고 있다.

[4] 이 구절은 자아인식은 가장 높은 "예술"이며 하늘의 행성, 별, 식물, 인류의 조직 등에 대해 잘 수집된 정보보다 더 가치가 있다는 것을 설명하고 있다. 자아인식에 대해 성경적인 의미는 "하나님은 나를 알고 계시지만 나는 나 자신을 알기 어렵다"이다

[5] See *Das Büchlein vom vollkommenen Leben. Eine deutsche Theologie*, ed. Herrmann Büttner(Jena, 1907). On p. 485. "Now no going-out can be so noble that the remaining-within would not be nobler."(Eckhart).
이 말은 19세기의 러시아의 무명의 순례자가 기록한 『순례자의 길』(*The Way of a Pilgrim*, 은성출판사, 엄성옥 역)에서도 언급된다: "Remaining-within"(*ynne bleiben*).

영혼이 구원을 받으려면, 이 유일하신 하나님이 그 영혼 안에 계셔야 합니다.

"그 하나는 무엇입니까?"라고 묻는 사람이 있을 것입니다. 그에 대해서 나는 "그것은 선(善), 또는 선으로서 우리에게 오는 것입니다"라고 대답합니다. 그것은 우리가 이름을 붙이거나 일거나 나타낼 수 있는 구체적인 선이 아니라, 모든 선한 것이요 모든 선한 것들을 초월하는 것입니다.[6]

이 영원한 선은 영혼 안에 들어올 필요가 없습니다. 왜냐하면 우리가 깨닫지 못하지만, 그 선은 이미 영혼 안에 거하고 있기 때문입니다.

우리가 유일하신 분 안에 들어가야 한다거나, 유일하신 분이 영혼 안에 들어와야 한다는 말은, 우리가 그분을 찾고 느끼고 맛보아야 한다는 말과 같은 말입니다. 그분은 하나이므로, 우리는 다양성보다는 단일함과 통일성을 선택해야 합니다.

영원한 축복은 사물의 풍부함에서 오는 것이 아니라, 유일하신 분(the One)과 하나됨(Oneness)으로부터 옵니다.[7]

---

[6] 영원은 돌이 수면에 일으키는 가장 바깥 파장처럼 우리에게 다가온다. 마이스터 에크하르트는 이것에 대해 극단적인 표현을 했다: "하나님의 실재를 선함(goodness)이나 선(good)이라고 하는 것은 검은 태양(sun black)이라고 부르는 것만큼 부적절하다."

[7] 일자(the One)와 선(the Good)은 스콜라신학에서는 다르지 않다(토마스 아퀴나스, 『신학대전』 I:11).
일자(the One)는 "하나님의 유일하심"을 나타내는 특성이며, 선(the Good)은 "궁극의 선"이신 하나님의 속성을 말하므로, "유일하신 하나님", "선하신 하나님"으로 이해하면서 읽으면 된다.

다시 말해서, 영원한 축복은 피조물이나 피조물의 작업에 의지하는 것이 아니라, 하나님과 그의 사역에 의지합니다.

그러므로, 우리는 모든 피조물 및 그것들의 사역, 특히 나 자신을 버리고, 하나님과 그의 사역을 기다려야 합니다.

하나님께서 지금까지 피조 세계 안에서, 또는 피조 세계를 통해서 행하셨으며 장차 행하실 크고 놀라운 일들이라도, 그것들이 나의 외면에 머물러 있는 한 나를 복되게 만들지 못할 것입니다. 왜냐하면 축복은 하나의 내적 지식, 사랑, 느낌, 맛으로서 내 안에 거하는 분량만큼만 나의 것이 되기 때문입니다.

제10장

온전한 사람은 어떻게 아무것도 원하지 않고 손이 몸에 붙어 있는 것과 같이 영원한 선에 정착하기를 원하게 되는가? 그러한 사람은 어떻게 지옥의 두려움을 잊고 천국에 대한 갈망하게 되는가?

참 빛 안에서 살면서 그 빛을 받는 사람들(Illumined people)[1]은 모든 피조물이 그 존재의 깊음 속에서 바라거나 택해온 것과 비교해보면 자기가 원하거나 택하는 것들은 아무것도 아니라는 것을 인식합니다.

이러한 인식은 그들이 세상의 것에 대한 모든 바램과 의지를 버리고, 자기 자신과 모든 것을 영원하신 선(Good)에 맡기게 만듭니다.[2]

---

[1] "참 빛"(The True Light)에 관해 제40장에서 언급하고 있다. 이 빛은 하나님이 영혼의 근저(ground)에서 이루시는 내면의 균형(inner balance)이다. 루터는 "거짓 빛"의 세상의 포로에서 놓임을 받는, 즉 신성한 자원에 대한 내적 인식을 표현하려고 "참"이라는 형용사를 종종 사용한다. 거짓 빛은 이기적이고 충동적이다. 하인리히 소이세(Heinrich Seuse)는 새롭고 참된 빛과 거짓된 빛에 관해 말하고 있다: see Heinrich Seuse, *Deutsche Schriften*, ed. Karl Bihlmeyer(Stuttgart: W. Kohlhammer, 1907; reprint Frankfurt a. M.: Minerva, 1961), pp. 115, 157, 169, 196, 242, 254, 438, 466, 471-472)를 보라.

[2] 이 본문은 스콜라주의와 신비주의에서 말하는바 "영성형성"의 범주에

그러나 그들에게는 더 깊은 지식, 더 뜨거운 사랑, 더욱 큰 준비, 더 온전한 순종, 그리고 보다 충만한 순종으로 영원하신 선을 향해 나아가고 더 가까이 가고자 하는 갈망이 남아 있습니다. 빛(照明: illumined)을 받은 사람은 "내 손이 몸의 일부인 것처럼, 내가 영원하신 선과 연합된다면 얼마나 좋을까"라고 말할 것입니다.

빛을 받은 사람들은 항상 그 임무를 감당하지 못할까 두려워합니다. 또 그들은 모든 사람이 복을 받기를 원합니다. 그러나 그들은 이러한 갈망의 속박을 받지 않으며, 그것을 자신의 업적으로 여기지도 않습니다. 그들은 자기의 갈망이 사람에게서 나오는 것이 아니라 영원하신 선에서 나온다는 것을 충분히 알고 있습니다.

선한 것은 영원하신 선에만 속한다는 것을 아는 사람은 그것을 자신의 것으로 주장해서는 안 됩니다.

조명을 받은 사람들은 자유 안에서 산다. 이것은 그들이 고통이나 지옥에 대한 두려움에서 자유롭다는 뜻입니다. 그들은 상급이나 천국에 대한 소망을 버리고, 자유롭게 하는 사랑 안에서 영원하신 선에 온전히 순종하고 순종하는 생활을 합니다.

이러한 정신이 그리스도 안에 매우 온전하게 거(居)했으며, 지금도 그 정신은 그분의 제자들 안에 거하고 있습니다.

영원하신 선이 우리를 가장 고귀한 것에게 오라고 부르시지만, 우리가

들지 않는다. 기독교의 전통적인 사고는 인간의 바른 행동은 지고한 선(Good)을 위해 노력해야 한다는 것이다. 그러나 독일신학은 노력이 아니라 순종을 가르치고 있다.

그것을 원하지 않는다고 생각하면 안타깝습니다.

참된 영적 가난보다 더 고귀한 것이 무엇입니까? 그러나, 우리 앞에 그것이 제시될 때, 우리는 그것을 소유하기를 원하지 않습니다.

말하자면, 우리는 칭찬받고 위로받기를 원합니다. 우리 내면에는 즐거움과 감미로움과 쾌락에 대한 강력한 갈망이 있으며, 그것을 경험할 때 만사가 순조롭고 자신이 하나님을 사랑한다고 믿습니다.

그러나 그러한 망상이 사라질 때 매우 슬퍼하고, 하나님을 잊고, 모든 것을 잃었다고 생각합니다.

이것은 아주 좋지 않은 현상입니다.

참으로 하나님을 사랑하는 사람은 재산이 많든지 적든지, 부유하든지 궁핍하든지, 행복하든지 괴롭든지 동일하게 하나님, 또는 영원하신 선을 사랑합니다.

이런 점에서 모든 사람이 자신을 자세히 살피기를 바랍니다.

제11장

이 세상에 있는 의로운 사람이 어떻게 지옥을 경험하며 거기에서 위로를 받지 못하는가? 또 어떻게 그가 지옥에서 슬픔이 없는 천국으로 옮겨지는가?

그리스도의 영혼은 천국에 가기 전에 지옥에 내려가셔야 했습니다.[1] 인간의 영혼도 이러한 경로를 거쳐야 합니다.

그러나 우리에게 이 일이 어떤 방법으로 발생하는지 알아야 합니다.

사람이 자기 자신을 보고 알게 될 때, 자신이 악하다는 것, 그리고 하나님이나 사람들로부터 받아온 위로나 선을 받을 자격이 없다는 것을 알게 됩니다. 그때, 자신은 저주를 받고 버림을 받았으며, 그러한 저주조차 받

---

[1] 이 분문에 두 개의 성경말씀이 연관되어 있다: "그리스도께서도 단번에 죄를 위하여 죽으사 의인으로서 불의한 자를 대신하셨으니 이는 우리를 하나님 앞으로 인도하려 하심이라 육체로는 죽임을 당하시고 영으로는 살리심을 받으셨으니 그가 또한 영으로 가서 옥에 있는 영들에게 선포하시니라"(벧전 3:18-19); "제구시쯤에 예수께서 크게 소리 질러 이르시되 엘리 엘리 라마 사박다니 하시니 이는 곧 나의 하나님, 나의 하나님, 어찌하여 나를 버리셨나이까 하는 뜻이라"(마 27:46). 첫 번째 말씀에 예수님의 행위에 구원의 요소를 발견할 수 있다. 그리스도의 행위는 본(*exemplum*)으로서만 아니라, 성사(*sacramentum*)에서도 구원의 요소가 있다. 단지 독일신학에서는 "당신의 위해(for you)"라는 말이 빠져 있을 뿐이다.

을 자격이 없다고 느낍니다. 그는 이 세상에서 겪게 될 고난까지도 받을 자격이 없다고 생각합니다. 그는 모든 피조물이 자신에 대해 등을 돌리며, 그에게 닥친 고통과 고난은 당연하며, 그것마저도 자신에게는 분에 넘치는 일이라고 생각합니다.

또 그는 자신이 영원히 저주를 받아야 하며 지옥에 있는 모든 마귀의 발깔개가 되어야 한다고, 그리고 그것마저도 자신에게는 분에 넘치는 일이라고 생각합니다.

그는 하나님이나 인간으로부터 위로나 구원을 청할 수 없으며, 또 그렇게 하지도 않습니다. 그는 위로받지 못하고 구원받지 못한 상태로 머물기를 원합니다. 그리고 자신의 저주와 고난이 당연하며, 하나님의 뜻과 일치한다고 판단하기 때문에 유감으로 생각하지 않습니다. 그는 모든 것이 옳다고 생각하고 모든 것을 체념합니다.

그는 마음속으로 자신의 죄와 악을 슬퍼합니다. 그의 죄와 악은 옳은 것이 아니며 하나님을 거스르는 것이기 때문에, 그것들은 그에게 고통을 주며, 그의 영을 괴롭힙니다.

우리는 이것을 죄로 인한 참된 통회라고 합니다.[2]

우리는 이 세상에 사는 동안 지옥에 들어가는 사람은 내세에 천국에 들어간다고 말할 수 있습니다. 그는 현세에서 천국을 맛봅니다. 그것은 세상에 속한 것들 가운데서 일시적으로 누리는 온갖 기쁨과 즐거움을 능가

---

[2] 독일신학의 배경은 "완전", "온전함"이라는 개념을 토대로 한다. 이것은 도덕적이며 종교적 진보에 기초할 뿐만 아니라. 자기의 죄를 알고 통회할 때 마음에 임하는 은혜에 기초한다.

합니다.

  이렇게 지옥에 있는 사람은 하나님도 사람도 위로할 수 없습니다. "지옥에는 구원이 없다"라는 말이 있습니다.

  어떤 사람은 "내가 멸망하게 하며, 죽게 하며, 위로 없이 살며, 외적으로나 내적으로 저주를 받게 하라. 아무도 나의 구원을 위해 기도하지 못하게 하라"고 말했습니다.[3]

  그러나 하나님은 사람을 이 지옥에 내버려 두지 않으십니다. 하나님은 그를 자기에게로 데려가십니다. 그 결과, 그는 영원하신 선만 구하며, 영원하신 선이 아주 귀중하다는 것을 알게 됩니다. 그것이 그의 평화, 기쁨, 안식, 충만, 엑스터시가 됩니다.[4]

  사람이 영원하신 선만 구하고 요구하며 자신을 위해서는 아무것도 요구하지 않을 때, 그는 영원하신 선의 소유가 되며, 평화와 기쁨, 즐거움 등을 알게 됩니다. 따라서 그는 하늘나라에 거합니다.

  이와 같은 지옥과 천국 경험은 세상에 사는 동안 사람이 신뢰할 수 있는 두 가지 길과 같습니다. 이 두 가지 길을 제대로 적절히 여행하는 사람에게 복이 있습니다.

  왜냐하면, 결국 지옥은 떠나고 천국이 남을 것이기 때문입니다.

  사람이 이 지옥에 있을 때는 아무것도 그를 위로할 수 없으며, 그는 자신이 구원을 받거나 위로를 받게 될 것이라고 믿을 수 없습니다.

---

3) Meister Eckhart, *Vom Zorn der Seele*, ed. H. Büttner, I: 181.

4) 죄책감, 회개가 용서와 풍부한 은총의 경험으로 이어진다.

그러나 그가 천국에 있을 때는 아무것도 그를 괴롭히거나 압도할 수 없습니다. 그는 사물이 어떻게 그를 괴롭히거나 좌절시킬 수 있는지 이해하지 못합니다.

그러나 실제로 그가 지옥을 경험한 후 위로와 구원을 받듯이, 천국을 경험한 후에 괴로워하고 당황하게 될 수도 있습니다.

이 지옥과 천국이 어떤 사람의 삶에 들어오면, 그는 그것이 어디에서 오는지 알지 못합니다. 인간은 적극적으로든 소극적으로든 그것들의 오고 가는 것에 영향을 미치지 못합니다. 인간은 그것들에 순종하거나 그것들을 제거할 수 없고, 그것들을 만들거나 파괴할 수 없습니다. 지옥 같은 상태와 천국 같은 상태는 "바람이 임의로 불매 네가 그 소리를 들어도 어디서 오며 어디로 가는지 알지 못하나니"(요 3:8)라고 하신 말씀에 따라서 오고 갑니다.

이 두 가지 상태 중 하나의 상태에 있는 사람은 바른길을 가고 있는 사람입니다. 그는 지옥에서도 천국에서처럼 안전할 수 있습니다. 사람이 이 세상에 사는 동안에는 하루 동안, 심지어 하룻밤 사이에도 둘 중 하나의 상태에서 다른 상태로 옮겨갈 수 있습니다.

그러나 이 두 가지 상태 중 어느 상태에도 거하지 않는 사람은 피조물에 지나치게 매달리고, 이리저리 흔들리며, 자신이 무엇을 하고 있는지 알지 못합니다. 그러므로 자기 마음 안에 있는 두 가지 길을 망각하지 말아야 합니다.

제12장

그리스도께서 승천하시면서 제자들에게 선물로 주신 바르고 참된 내면의 평화란 무엇인가? 어떻게 사람은 종종 외적인 표적들을 쉽게 지나쳐 버리는가? 사람을 온전하게 하는 세 단계에 관하여

많은 사람이 평안과 평온함이 자기에게 부족하다고 말합니다. 그들은 많은 실패와 고통, 긴장과 고난을 경험합니다.

이 문제를 진지하게 대면하고 고려하고자 하는 사람은 다음과 같은 사실을 깨닫습니다. 즉, 만일 표면적인 것 안에서 평안을 소유할 수 있다면, 마귀도 모든 것이 자기 뜻대로 순조롭게 이루어질 때는 평안을 소유할 것이라는 사실을 깨닫습니다. 그러나 마귀는 평안을 소유하지 못합니다.[1]

따라서, 우리는 그리스도께서 세상을 떠나시면서 제자들을 위해 남기신 평안에 주목해야 합니다. 그리스도는 "나의 평안을 너희에게 주노니 내가 너희에게 주는 것은 세상이 주는 것과 같지 아니하니라"(요 14:27)라고 하셨는데, 이것은 세상이 주는 선물들은 믿을 수 없는 것이기 때문입니다.

---

[1] "여호와께서 말씀하시되 악인에게는 평강이 없다 하셨느니라"(사 48:22); "내 하나님의 말씀에 악인에게는 평강이 없다 하셨느니라"(사 57:21).

그리스도께서 의미하신 것은 어떤 종류의 평안입니까? 그것은 곤경, 불행, 많은 고통과 불운, 긴장, 수치 등 내면에서 임하는 내적 평안입니다. 그리스도의 사랑하는 제자들-그리고 하나님의 선택받은 모든 친구들과 참된 그리스도의 추종자들-이 환난 가운데서도 참고 즐거워했던 것처럼, 우리도 환난을 당할 때 인내하며 즐거워합니다.[2]

이것에 사랑과 부지런함과 진지함을 기울이는 사람은 하나님과 동일한 참되고 영원한 평안을 알 것이며, 피조물이 누릴 수 있는 한도까지 하나님을 누릴 것입니다.[3]

---

[2] 여기서 "하나님의 선택받은 모든 친구"가 "하나님의 친구들"(Friends of God)이라는 모임의 명칭이 되었다.

"하나님의 친구"란 구약시대부터 많이 사용된 용어로서 구약성서, 신약성서, 교부들의 글, 초대 그리스도교 시대와 중세기 저술가들이 아브라함, 모세, 사도들, 순교자들과 같은 하느님을 섬기며 몸 바쳐 온 사람들, 열심하고 거룩한 생활을 한 사람들을 가리키는 말이었다.

14세기의 라인강변의 신비가 중 요한 타울러는 관상(觀想) 생활을 통하여 하나님과의 신비적 일치에 도달한 사람들을 가리키는 말로 "하나님의 친구"라고 했다.

하나님의 친구들은 특별한 단체나 조직을 만들지 않고 뜻을 같이하는 사람들끼리 서로 방문하고 의견을 나누며 편지나 영성적인 의견을 나누는 영적 우정으로 맺어진 사람들이었다.

[3] 이 장에 있는 텍스트의 몇 가지 확장 내용이 뷔르츠부르(Würzburg)에 나와 있다. 세상의 기만적인 제안은 "많이 약속하고 적게 지킨다." 인간의 삶은 또한 "고난과 십자가"로부터 결코 자유롭지 못한 것이라고 한다. 그러나 구원의 평화는 "쓴 것(the bitter)"을 "달콤한 것(the sweet)"으로 변화시키는 것이며,

타울러는 이렇게 말합니다: "우리 시대에는 진리가 이런 종류의 의존으로부터 자기를 해방해주기 전에 성급하게 외면적인 상징을 버리는 사람들이 있습니다."4)

그들은 스스로 그러한 상징들과의 연결고리를 끊기 때문에, 진리를 획득하기 어렵습니다.

우리는 항상 하나님의 사역과 명령, 자극, 권면 등에 주의를 기울여야 합니다. 그리고 그것들을 인간의 사역 및 순수한 인간적인 명령과 권면들로부터 구분해야 합니다.

사람이 정화되고 연단되고 해방되기 전에는 조명될 수 없다는 것을 아십시오.

마찬가지로, 먼저 조명되지 않은 사람은 하나님과 연합할 수 없습니다. 그래서 신앙생활에는 세 단계가 있습니다. 첫째는 정화의 단계요, 둘째는 조명의 단계요, 세 번째는 합일의 단계입니다.5)

"영원한 평화의 보증인"이라고 한다.

4) 마틴 루터는 1516년에 『독일신학』 초판을 발간했을 때는 이 인용문이 요한 타울러의 것으로 생각해서 "타울러는 이렇게 말합니다"라고 했다. 그러나 근대 학자들에 의해 타울러의 것이 아니라는 것이 명백해졌다.

보통 종교개혁가들을 신비주의와 상관 없는 사람으로 생각하여 루터도 반-신비주의자라고 평하지만, 이 글에서 "표면적인 상징"을 통해서 진리에로 나아가는 신비적 방법에는 의의가 없다.

5) 신비신학은 구원에 이르는 길을 정화의 단계(via purgativa); 조명의 단계(via illuminativa); 합일, 신인연합의 단계(via unitiva)로 보았다. 독일신학

제13장

어떻게 모든 사람이 아담 안에서 죽었고, 그리스도 안에서 다시 생명을 얻었는가? 진정한 순종과 불순종에 관하여

아담 안에서 멸망하고 죽었던 모든 것이 그리스도 안에서 다시 살아났습니다. 그리고 아담 안에서 살았던 모든 것은 그리스도 안에서 죽었습니다.

무엇이 이 일을 행했으며, 이것은 무엇을 의미합니까?

순종과 불순종입니다.

그렇다면, 참된 순종이란 무엇입니까?

인간은 "자기중심"(selfdom)을 버리고, 참자아(Self)[1]와 관계를 가져야

의 뷔르츠부르크(Würzburg) 판에 타울러의 텍스트에 추가 설명을 싣고 있다. "어떤 사람은 비행기로 하늘나라로 가기를 갈망한다." 그러나 우리는 "자기 십자를 지고 그리스도를 따르기를 원한다"라고 하며 "하나님의 신실하고 온전한 종들로부터 본보기와 경험, 현명한 조언과 가르침을 받기 위해"라고 한다.

그리고 구원에 이르는 마지막 단계인 "신인연합"이란 "온전함에 이른 사람들"에게 해당한다. 이 사람의 마음은 오직 하나님에게만 향하고, 사랑으로 충만하며, 하나님의 모습에 도취되어 있다.

1) 참자아(the Self)란 "다른 사람들" 또는 자기 외부의 대상들과 구별되는 고유한 "자기 자신"를 말한다. 독일신학의 저자는 참자아(the Self)에 하나님지

합니다. 그리하면 그는 마치 전혀 존재하지 않는 듯이 자기 자신에게 관심을 두지 않게 됩니다.

다시 말해서, 그는 자신의 자아에는 관심을 두지 않고 자신의 자아가 마치 존재하지 않는 듯이 그것에 대해서는 거의 생각하지 말아야 합니다. 그는 마치 자신이 존재하지 않듯이 되도록 자신에게 관심을 기울이지 말아야 합니다.

그는 모든 피조물을 동일한 관점에서 보아야 합니다.

그렇다면, 실재하는 것은 무엇이며, 우리는 무엇을 의지해야 합니까?

우리는 오직 하나, 하나님을 의지해야 합니다. 그 안에 참된 순종이 있습니다. 이것이 복된 영원 안에 있는 참된 상태입니다. 영원하신 분 안에서는 오직 하나님에 대한 순종 외에 다른 것을 구하거나 생각하거나 사랑하지 않습니다. 이것 외에 다른 것은 모두 무가치하게 여깁니다.

이제 불순종이 무엇인지 분명해집니다: 불순종이란 인간이 자신을 중요한 것으로 간주하며, 자신이 무엇인가를 알고 행할 수 있다고 생각하며, 주위의 사물 안에서 자신의 유익을 구하며, 이기심으로 가득한 것입니다.

인간은 하나님에 대한 참된 순종을 위해 지음을 받았으므로, 하나님에

향(Godward)하는 성향이 없다고 보지 않는다. 이책 제26장에 "속사람"과 "겉사람"을 구별하여 설명한다. 독일신학의 저자, 요한 타울러, 루터는 "하나님의 형상"을 통한 신인연합을 설명한다. 그들의 신학적-인류학적 태도는 "그는 제 정신이 들어서"(눅 15:17, 새번역)라는 탕자의 독백에서 볼 수 있다. "제 정신이 든 자아"를 참자아(Self)라고 한다.

게 순종해야 합니다. 이 순종은 아담 안에서 죽어 사라졌으며, 그리스도 안에서 다시 살아나고 회복되었습니다.

불순종은 아담과 함께 살아났고, 그리스도와 함께 죽었습니다. 다른 인간들과는 달리 그리스도의 인성은 자아로부터 온전히 자유했습니다. 그리스도의 인성은 하나님을 위한 집 또는 거처에 불과했습니다.[2]

그리스도의 인성은 하나님에게 속해 있었습니다. 그것은 하나님의 거처였지만, 자체의 영광을 위해서 그것을 주장하지 않았습니다.

더욱이 그리스도의 인성은 신성의 거처였음에도 불구하고 스스로를 위해 신성을 주장하지 않았습니다. 또 이 신성이 의도하거나 행하거나 발생하게 한 것, 인간의 형상을 입음으로써 견뎌야 했던 모든 것을 희생으로 간주하지도 않았습니다.[3]

그리스도의 인성 안에는 신성을 강탈하는 것이나 그것에 대한 동경이 없었고, 다만 신이 자신의 당연한 몫을 받기를 원하는 갈망과 동경이 있었을 뿐입니다. 그리스도는 이것조차도 자기의 것으로 여기지 않으셨습니다.

그리스도의 마음에 대해서 여기에서 더는 말하거나 쓸 수 없습니다. 그

---

[2] "말씀이 육신이 되어 우리 가운데 거하시매"(요 1:14)와 "그의 안에서 건물마다 서로 연결하여 주 안에서 성전이 되어 가고"(엡 2:21-22) 말씀과 연관된다.

[3] "너희 안에 이 마음을 품으라 곧 그리스도 예수의 마음이니 그는 근본 하나님의 본체시나 하나님과 동등됨을 취할 것으로 여기지 아니하시고 오히려 자기를 비워 종의 형체를 가지사 사람들과 같이 되셨고"(빌 2:5-7).

것은 우리의 설명을 초월하는 것입니다. 지금까지 세상의 말로 그것을 온전히 표현할 수 없었으며, 앞으로 표현할 수 없을 것입니다. 그리스도의 마음이시며, 또 그 중심을 아시는 분만이 그리스도의 정신을 설명할 수 있습니다.

제14장

옛사람이란 무엇이며, 새사람이란 무엇인가?

우리는 "옛사람"과 "새사람"이 무엇을 의미하는지 알아야 합니다.

옛사람은 아담, 불순종, 자아, 이기적인 나 등입니다.

새사람은 그리스도와 순종입니다.

죽음과 멸망에 대해 말하는 것은 옛사람이 무가 되어야 한다는 의미입니다. 그러한 일이 일어날 때, 그곳에서 새사람이 탄생합니다.

우리는 사람은 자신에 대해서 죽어야 한다고 말합니다. 즉 자아와 자기(I)[1]가 죽어야 한다고 말합니다.

사도 바울도 같은 말을 합니다: "옛사람과 그 행위를 벗어버리고 하나님이 지으신 새사람을 입으라"(골 3:9-10; 엡 4:22-23 참조).

옛사람의 가치관에 따라서 자기중심적으로 사는 사람은 아담의 후손이라고 불립니다.

---

1) 전문 용어로 *selbbeyt*와 *icheyt*, 문자적으로 "selfdom"과 "I-dom"을 말한다. 루터의 "자기중심"(curved in on oneself, 라 *Incurvatus in se*)인 "I-dom"을 말한다. 그러나 "I의 죽음에 관해서 독일신학의 저자 및 요한 타울러 등 독일신비주의자들이 말하는바 자기 인식의 "소멸"과는 다르다. "자기에게 죽는다"란 "세상의 쾌락, 위로, 기쁨, 식탐 등에 대해서 죽는다"라는 뜻이다. 보통 인간은 이것들에 "취착"하지만 진리로 나아가기 위해서는 그것을 버려야 한다.

그는 적극적으로 아담의 삶을 영위할 수도 있고 소극적으로 영위할 수도 있지만, 어쨌든 그는 마귀의 자녀요 형제입니다.

그러나 순종하면서 새 사람의 삶을 사는 사람은 그리스도의 형제요 하나님의 자녀입니다.

옛사람이 죽고 새사람이 태어나는 곳에 그리스도께서 말씀하신 중생이 있습니다: "사람이 거듭나지 아니하면 하나님 나라에 들어갈 수 없느니라"(요 3:3).

사도 바울은 "아담 안에서 모두 죽은 것처럼 그리스도 안에서 모두 살아나야 한다"라고 말했는데, 이것은 불순종 안에서 아담을 따르는 사람들은 모두 죽었으며, 그리스도 안에서, 즉 순종 안에서 살지 않으면 결코 소생하지 못할 것이라는 말입니다.

이런 까닭에 아담이나 아담의 자녀인 사람은 하나님 없이 존재합니다.

그리스도는 "나와 함께 있지 않은 자는 나를 대적하는 자라"(마 12:30)고 하셨습니다.

하나님을 대적하는 사람은 하나님 앞에서 죽은 사람입니다. 그러므로 아담의 자녀들은 모두 하나님 앞에서 죽은 자들입니다.

그러나 순종 안에서 그리스도와 함께 거하는 사람은 하나님과 함께 거하고 함께 삽니다.

앞에서 죄란 피조물이 창조주로부터 돌이키는 것이라고 묘사한 바 있습니다.[2] 이것은 지금 여기에서 말하는 것과 일치합니다. 따라서 불순종

---

2) 중세의 죄에 대한 신학적 개념을 *aversio a Deo and conversio ad creaturam* 즉, 하나님을 떠남, 하나님을 싫어함(aversion), 피조 세상을 지향

안에 있는 사람은 죄 안에 있는 사람입니다. 순종을 회복하지 않는 한, 결코 그의 죄가 대속되거나 치유될 수 없습니다.

인간이 불순종의 상태에 거하는 한, 그가 무슨 일을 해도 결코 죄가 치유되지 못합니다. 불순종 자체가 죄입니다.

그러나 불순종이 참된 순종으로 변화될 때 모든 것이 치유되고 대속함을 받고 용서됩니다.

만일 마귀가 참으로 순종한다면, 그는 천사로 변화될 것이며 그의 모든 죄와 악이 치유되고 속량되고 단번에 사함을 받을 것입니다.

만일 천사가 불순종에 빠진다면, 그가 더는 해를 끼치지 않는다고 해도 즉시 마귀가 될 것입니다.

사람이 자신의 저급한 자아에 애착하지 않고 객관적인 세상 전체를 부인하고 온전한 참된 순종 안에서 온전히 깨끗해진 온전한 존재로서 살 수 있습니까? 사람이 그런 식으로 죄가 없고 그리스도와 하나가 될 수 있습니까?[3]

인간은 은혜로 말미암아 그리스도께서 본성에 따라서 거하신 상태에 이를 것입니다.[4]

함, 세상으로의 전환이라고 가르쳤다. 독일신학의 저자는 이 책의 제2장과 제4장에서 언급하고 있다.

3) 루터는 인간과 하나님과의 연합을 "하나님과 같은 떡"(one cake with Christ)이 되는 것이라고 했다. 그렇지 않고서는 인간 존재가 하나님 앞에 (coram Deo) 무죄한 자로 설 수 없다.

4) 독일신학에서 하나님의 은혜로 "완전"(perfection), "온전

어떤 사람은 이것이 불가능하다고 주장합니다. 같은 맥락에서 우리는 죄가 없는 사람은 없다는 말을 기억합니다.[5]

그렇다 하더라도, 사람이 이 순종에 가까이 갈수록 죄의 세력은 약해지며, 순종에서 멀어질수록, 죄의 세력은 강해집니다.

한 마디로, 사람이 선하거나 더 선하거나 가장 선한 것, 악하거나 더 악하거나 가장 악한 것, 하나님 앞에서 죄악 되거나 구원받는 것 등은 모두 순종과 불순종이라는 문제에 달려 있습니다.

이것을 토대로 하여 다음과 같이 기록되었습니다: 자아와 내(I)가 앞설수록 죄와 악이 커지며, 자아와 내(I)가 죽을수록 죄가 작아집니다.[6] 또

함"(wholeness)에 이르게 된다는 의미를 단지 윤리적인 차원으로만 생각하는 것을 부정한다.

5) "만일 우리가 우리 죄를 자백하면 그는 미쁘시고 의로우사 우리 죄를 사하시며 우리를 모든 불의에서 깨끗하게 하실 것이요"(요일 1:8).

6) 이미 지적한 바와 같이 마틴 루터의 독일신학에서 *selbheit/(selbbyt)*와 *icheyt*라는 단어를 사용하고 있다. 이것을 "selfdom", "self-search", "selfisness", "I-dom", "I-attachment"라는 단어를 사용한다. 그러나 이 단어들에 표현상 한계가 있다. 그럼에도 이러한 단어를 사용하는 것은 루터의 해석가들과 루터 신학에서 신비주의 사상을 제거하려는 노력의 일환으로 볼 수 있다.

독일신학의 저자는 인간의 "자기 부인"을 말하는 것이 아니다. 오히려 독일신학의 저자(루터와 타울러와 함께)는 물질적인 세상과 연합한 낮은 자아와 하느님의 "형상"을 가진 높은 자아와 "그제서야 그는 제정신이 든 탕자"(눅 15:17, 새번역 참조)에 예화를 언급한다. 루터 신학에서 말하는 "자기 인식"(I-consciousness)을 의미한다.

나에 대한 집착(I-attachment)과 이기심이 감소할수록, 내 안에서 하나님에게 속한 나(God's I), 즉 하나님 자신(God Himself)이 증가합니다.

만일 온 인류가 순종하는 생활을 한다면, 우리에게는 고통도 없고 고난도 없을 것입니다. 물론 우리가 감당할 수 있는 육체적인 고난은 있겠지만, 우리는 그것에 대해서 불평해서는 안 됩니다.

그런 이유라면, 모든 사람이 하나가 될 것이며, 아무도 이웃에게 고통이나 고난을 초래하려 하지 않을 것입니다. 아무도 하나님을 거스르는 생활이나 행동을 하려 하지 않을 것입니다. 그러한 상황이라면, 어디서 고통과 고난이 초래되겠는가?

그러나 안타깝게도 모든 인간, 온 세상은 불순종 가운데 살고 있습니다.

만일 어떤 사람이 진정으로 온전히 순종한다면(그리스도가 그러한 분이셨다), 그의 주위에서 발견되는 모든 인간적인 불순종은 그에게 내적으로 쓰라린 고난의 근원이 될 것입니다.

불순종이란 하나님께 저항하는 것입니다.

진실로, 하나님은 피조물에 대항하지 않으시며, 피조물이 행하는 일이나 우리가 생각하거나 이름을 붙일 수 있는 것을 대적하지 않으십니다. 이런 것들은 결코 하나님을 거스르는 것이 아니며, 하나님을 불쾌해하지도 않습니다. 하나님을 불쾌하게 하는 것은 오직 불순종과 불순종하는 인간입니다.

간단히 말해서, 이 세상에 있는 모든 것은 하나님이 기뻐하시는 것입니다. 하나님은 그것들을 매우 좋아하십니다. 그러나 불순종과 불순종하는 사람들은 하나님을 결코 기쁘시게 하지 못합니다. 불순종하는 사람은 거룩한 것을 전적으로 대적하며, 하나님은 그의 불순종으로 인해 매우 슬퍼하십니다.

　불순종이 하나님을 슬프게 하는 근원이며 하나님을 대적하는 것이라는 것을 고난 속에서 경험한 사람은 단 하나의 영혼도 불순종이 죽고 순종이 살아나게 하기 위해서라면 수백 번이라도 죽으려 할 것입니다.[7]

　그러나 누구도 그리스도처럼 온전히 순종하는 생활을 하지는 않습니다. 그러나 그러한 순종에 아주 가까이 접근하여, 경건하고 신화되었다고 할 수 있을 정도의 상태에 이를 수는 있습니다.[8]

　거룩한 순종에 가까이 다가가고 많이 경건하고 신화된 사람은 불순종과 죄와 불의로 인해 더 많은 고통을 느낄 것입니다. 그러한 방종함은 더욱 그에게 상처를 줄 것이며, 그는 더 크게 고난을 당할 것입니다.

---

　7) 본성적인 인간은 자기 욕구를 만족하지 못함을 인해서 괴로워하지만, 하나님을 지향하는 사람은 다른 사람이 하나님에게 불순종하는 것을 막지 못함으로 인해서 괴로워한다. 그러나 그는 그것을 이룰 수 없다. 왜냐하면 누구나 자기 십자가를 져야 하기 때문이다.

　8) "거룩한(sanctified)"을 독일어로 *vergottet*를 사용했다. 그러나 루터는 인간의 하나님의 일을 형용사 *vergotte*를 사용한다. 믿음은 "우리 안에 조성하신 하나님의 창조"라고 한다. 그리고 "믿음으로 칭의받으면, 바른길로 인도되며…당신의 삶이 온전해지고…신성한 성품에 참여한다"라고도 했다.

제15장

어떻게 우리가 행한 선을 우리의 것으로 돌리지 않으면서 우리가 범한 악에 대해서는 죄책감을 느껴야 하는가?

자신이 자아에 대해서 온전히 죽고 이탈했다고 생각하거나 주장하는 사람들이 많습니다. 그들은 자신이 고난이 접근하지 못하는 단계, 그 무엇도 자신에게 영향을 미치지 못하는 단계에 도착했다고 주장합니다. 그들의 말을 들으면, 모든 사람이 위에서 언급된 순종을 실천하고 있으며, 불완전한 피조물은 존재하지 않는 것처럼 보입니다.

이처럼 이탈한 사람들은 균형 잡힌 정신을 가지고 평정을 잃지 않은 선한 생활을 하고 있다고 주장합니다. 그들은 주위에서 무슨 일이 일어나든지 상관없이 세상의 모든 일이 지극히 순조롭다고 느낍니다.

그러나 그들은 잘못 생각하고 있습니다. 이처럼 상황이 자칭 이탈한 사람들이 생각하는 것과 같아지려면, 모든 사람이 순종을 받아들였어야 합니다. 그러나 모든 사람이 순종을 받아들이는 것이 아니므로, 어떤 사람들은 초연함이 불필요합니다.

어떤 사람은 "그러나 사람은 이상적으로 모든 것들로부터 자유로워야 하며, 스스로 선하다거나 악하다고 주장해서는 안 됩니다"라고 반박할 것입니다.

그러나 선(善)은 하나님과 하나님의 선하심에 속한 것이므로, 누구도 그것을 자기의 것이라고 주장해서는 안 됩니다.

영원하신 선과 하나님의 거처(居處)가 되려 하며, 그러한 준비를 한 사람은 하나님께 감사하라. 영원한 상과 축복이 그의 것이 될 것이며, 영원하신 선과 하나님께서 방해를 받지 않고서 그를 통해서 능력과 의지와 가치를 보내 주시기를 기원합니다.

그러나 만일 사람이 자신을 악의 상황에서 들어올리고, 모든 죄를 마귀와 악 전체에게 전가하는 것은 또 다른 문제입니다.[1]

마귀, 허위, 거짓말, 발뺌 등 온갖 종류의 악이 들어와서 내면에 거처를 정하고 일할 수 있는 상태가 된 사람들 앞에 배은망덕, 수치, 영속적인 불행, 저주 등이 예비되어 있습니다.

---

[1] 동산에서 아담과 이브가 서로에게 책임을 전가한 것은 흠없이 무죄한 상태로 남기를 원했을 것이다. 그러나 "만일 우리가 죄가 없다고 말하면 스스로 속이고 또 진리가 우리 속에 있지 아니할 것이요"(요일 1:8)라고 기록되어 있다. 그러므로 죄 없는 자로 남고자 책임을 남에게 전가해서는 안 된다.

제16장

어떻게 그리스도의 삶이 전무후무한 가장 고귀하고 아름다운 삶이 되는가? 또 자유분방하고 거짓된 삶이 어떻게 가장 선한 삶이 되는가?

이 땅에 그리스도의 삶만큼 고귀하고 선하고 하나님께 소중한 삶이 없었지만, 인간의 본성과 자아에 가장 비참했다는 것을 잊어서는 안 됩니다.

그그와 반대의 삶, 부주의하고 자유로운 삶[1]은 본성과 자아와 "나(I)"에게는더 없이 달콤하고 기분 좋은 일입니다. 그러나 그것은 고귀한 것이 아닙니다. 그러한 삶은 많은 사람에게 지독한 사악함이 됩니다.그리스도의 삶은 이 세상의 어떤 삶보다 쓰라린 것이었지만, 역설적으로 가장 귀중한 삶이기도 합니다.

이런 말은 해롭지 않은 참된 선과 통하는 지식 안에서만 할 수 있습니다.[2] 선이란 구체적이고 특별한 것이 아니라, 사도 바울이 "온전하고 온

---

1) 자유영의 현제자매단의 삶을 말한다.

2) 그리스도에 관한 지식(*das war einfeltig gut*)은 "순결한 참된 선", 또는 "단순한 마음", "간계가 없음"이라는 식견의 발견으로 묘사됩니다. *einfeltig*는 "어린아이의 믿음", "단순한 마음", 또는 이 두 단어의 의미를 모두 포함하는 의

전한 것이 올 때 불완전하고 부분적인 것들이 사라질 것이다"(고전 13:10)라고 언급한 것입니다.

이것은 온전함과 온전함은 부분적으로 나타나는 모든 것과 모든 단편적인 것들을 초월하며, 불완전한 것들은 온전한 것과 비교할 수 없다는 의미입니다.

온전한 것이 인식될 때, 분리된 부분적인 것들에 대한 한정된 지식은 무가치하게 됩니다.

온전한 것과 선을 알게 된 사람은 그것을 동경하고 사랑하지 않을 수 없습니다. 그렇게 되면 인간이 자기 자신과 그리고 세상에 속한 것들에 애착할 때 발휘하는 사랑이 사라집니다.

이 내적 지식 역시 피조물 가운데서 가장 선하고 가장 고귀한 것을 식별하는 안목을 가지고 있으며, 참되신 선을 위해서 참되신 선 안에 그것을 사랑으로 포용합니다.

이제 내적 지식이 무엇인지 알 수 있을 것입니다: 그 지식에 의해서 우

미이다. "순결한(harmless)"은 또 다른 좋은 해석이다; 우리는 예수님이 하나님 안에서 삶을 영적으로-심리적 결과인 "비둘기처럼 순결함"에 대해 말씀하신 것과 관련이 있다. '마인펠티그'라는 용어는 하느님 안에서 외롭게 쉬고 있기 때문에 가시가 없는 존재들을 대하는 태도를 묘사하고 있다. 그러므로 프랑크푸르터가 말하는 "선함"은 주로 도덕적 규칙에 순종하는 것이 아니라 신성한 정당화 경험의 유출입니다. 뷔르츠부르크에는 다음과 같은 구절이 있다: "... das wahreineige Gut." 이 버전은 "진실하고 유일한 선"이라는 종교적 용어보다는 철학적인 용어로 그리스도의 삶의 신비를 제시한다. 관계보다는 상태를 설명합니다(뷔르츠부르크-베른하트, 페이지 121).

리는 그리스도의 생명이 가장 선하고 고귀한 삶이라는 것을 압니다. 또 그것이 매우 귀하기 때문에 우리는 그것을 받아들이고 경험하며, 그것이 사태의 자연적인 흐름에 도움을 주는지 해를 끼치는지, 또는 그것이 즐거운 것인지 고통스러운 것인지에 대해 걱정하거나 질문하지 않습니다.

한 가지 덧붙인다면, 어떤 사람의 내면에서 이 참되신 선이 알려질 때, 그곳에는 분명히 그리스도의 생명이 존재하며, 몸이 죽을 때까지 그곳에 머뭅니다.

이와 다른 주장을 하는 사람은 잘못 생각하는 사람이며, 이와 다른 말을 하는 사람은 거짓말쟁입니다.

그리스도의 생명을 소유하지 않은 사람은 참 선과 진리를 알지 못한 사람입니다.

제17장

왜 사람은 많은 의문과 공부, 또는 많은 지식과 이성을 통해서는 참 빛과 그리스도의 삶에 가까이 갈 수 없고, 오직 자기 자신과 모든 것을 포기함으로써만 가능한가?

질문을 하거나 간접적인 정보의 도움을 받아서, 또는 독서와 연구로, 또는 훌륭한 기술과 학문적 지식, 또는 높은 차원의 추론을 통해서 이 참 빛과 내적 지식, 또는 그리스도의 생명에 이를 수 있다고 생각해서는 안 됩니다.

사람이 어떤 사물을 매우 존중하거나, 또는 이 무상한 세상에 속한 것을 사랑하고 바라고 강요하는 한, 그는 참 빛과 내적 지식을 얻지 못할 것입니다.

그리스도께서는 이에 대해서 말씀하셨습니다. 주님은 "누구든지 나를 따라오려거든 자기를 부인하고 나를 따라야 한다. 그리고 자아를 비롯하여 모든 것을 버리지 않는 사람은 나에게 합당하지 않으며, 내 제자가 될 수 없다"라고 말씀하셨습니다.[1]

---

1) "이에 예수께서 제자들에게 이르시되 누구든지 나를 따라오려거든 자기를 부인하고 자기 십자가를 지고 나를 따를 것이니라"(마 16:24); "아버지나 어머니를 나보다 더 사랑하는 자는 내게 합당하지 아니하고 아들이나 딸을 나보다 더 사랑하는 자도 내게 합당하지 아니하며 또 자기 십자가를 지고 나를 따르

이것은 이 세상에 속한 것들을 포기하고 버리지 않는 사람은 그리스도의 생명을 결코 알지 못하고 그 생명 안에 들어갈 수 없다는 뜻입니다.

만일 사람이 이 말을 하지 않았다고 해도, 그 진리는 자체의 힘으로 스스로 말할 것입니다. 왜냐하면 그것은 참된 실체 안에 있기 때문입니다.

그러나 인간이 부분적인 것, 단편적인 것을 사랑하며 그것들과 교제하고 그것을 가장 중요하게 여기는 한, 그는 장님이 되어 선에 대해서 아무것도 알지 못할 것입니다. 왜냐하면 자신에게 유익하고 위로가 되고 즐거운 것을 가장 선하고 귀하게 여기기 때문입니다.

지 않는 자도 내게 합당하지 아니하니라"(마 10:37-38).

제18장

그리스도의 삶이 우리 자신과 본성에 가장 어렵고 고달픈 삶이었으므로, 우리의 본성은 그것을 그대로 받아들이지 못하고 가장 편안하고 쾌락으로 가득 찬 거짓되고 무분별한 삶의 길을 선택한다.

그리스도의 참 생명 안에서는 자아와 본성적인 삶이 정복되고 버려지고 죽은 것으로 여겨 포기되기 때문에, 그리스도의 생명은 본성적인 삶과 자아에는 매우 쓰라린 것입니다. 따라서 본성적인 사람(자연인)은 그것을 대할 때 몸서리치며, 그것을 악하고 불공정하고 어리석은 것으로 간주합니다. 그러므로 자연인은 즐겁고 유쾌하게 보이는 생활 방식을 발달시키며, 그것이 가능한 최선의 삶이라고 생각하고 또 그렇게 주장합니다.

자연인에게는 자유분방한 삶만큼 안락하고 즐거운 삶이 없습니다. 따라서 자연인은 그러한 삶을 의지하며, 자아, 이기심, 자기 나름의 평안, 자신의 행위, 그리고 자아에 속한 모든 것으로부터 즐거움을 얻으려 합니다.

이런 일은 매우 본성적인 이성이 지배하는 곳에서 가장 흔히 일어납니다. 왜냐하면 그 추론은 자체의 빛 안에서 아주 높이 올라가, 스스로를 영원한 참빛이라고 생각하며, 실제로 그렇게 행세하기 때문입니다.

그러나 이 높고 유식한 본성적인 이성은 미혹되어 있으며, 잘 알지 못하여 같은 방향으로 기울어진 사람들을 동일한 방법으로 속입니다.

제19장

어떻게 하나님의 친구는 자원하여 자신이 해야 하는 모든 의무를 감당하며 그 외의 일에는 관여하지 않는가?

어떤 사람은 "힘껏 참 빛을 따르는 사람의 상태는 어떠합니까?"라고 물을 것입니다.

솔직히 말해서, 우리는 결코 그 상태에 대해서는 온전히 묘사할 수 없습니다.

이 길을 가지 않는 사람은 그것을 말로 표현할 수 없습니다. 그러나 이 길을 알고 그 길로 가는 사람도 그것을 말로 표현하지 못합니다.

이것을 알고자 하는 사람은 자신이 알고 있는 상태에 이를 때까지 기다려야 합니다.

그러나 나는 다음과 같은 점에서 도덕적인 행동과 명령이 중요하다고 생각합니다.

이 세상의 삶의 의무과 규칙은 참 빛과 일치해야 하며, 참 빛의 유출이어야 합니다.

"필수적인 것"이나 "의무"를 나타내지 못하며 순수하게 이기적인 욕망에서 흘러나오는 것은 참 빛과 일치할 수 없습니다.

인간은 종종 혼자 힘으로 많은 의무를 고안해내지만, 그것들은 실제로는 거짓된 것들입니다.

교만이나 탐욕 등의 악덕, 그리고 범죄와 태만 등의 악에 몰려가는 사람은 "반드시 그렇게 되어야 한다"라고 선언합니다.

그러나 이 모든 것은 거짓입니다.

만일 사람이 내면에서 하나님과 진리가 감화하는 것 외에 다른 의무를 갖지 않는다면, 종종 지금 가지고 있는 것보다 훨씬 유익한 의무들을 소유할 것입니다.

제20장

어떻게 하나님의 영이 종종 사람을 사로잡아 그를 능력으로 지배하시는가? 또 어떻게 악령도 종종 같은 일을 하는가?

마귀는 때로는 사람을 사로잡으며,[1] 이렇게 붙잡힌 사람은 마귀가 자기를 통해서 무엇을 하는지, 또 무엇을 하게 하는지 알지 못한다고 합니다.

마귀에게 붙잡힌 사람은 스스로를 제어하지 못하며, 악령이 그를 지배합니다. 그는 사로잡힌 사람 안에서, 그와 더불어, 그리고 그를 통하여 마음대로 행동하기도 하고 행동을 멈추기도 합니다.

어떤 의미에서, 온 세상이 마귀에게 사로잡혀 마귀의 소유가 되었다는 말은 맞는 말입니다. 그것을 달리 표현하면, 세상에는 거짓말, 거짓, 그밖에 다른 사악함과 악이 가득합니다. 그것은 모두 마귀와 관련된 것들입니다.

그러나 마귀에게 사로잡힌다는 것을 다른 의미로도 이해해야 합니다.

---

1) "사로잡다"(obsess, possessed)에 해당하는 독일어는 *besessen*인데, "소유"를 의미한다. 그러나 본문은 일시적으로 잠시 "홀린"(*besessen*) 것과 지속적으로 "소유된"(*behafft*) 것 간의 차이가 있음을 암시한다. 따라서 우리는 마귀에게 잠시 홀린 것과, 마귀의 소유가 된 것 간의 차이를 이해해야 할 것이다.

하나님의 영에게 사로잡혔기 때문에 하나님에게서 흘러오는 것이나 흘러 들어가는 것을 의식하지 못하며 자신의 힘으로 행동하지 못하는 사람이 있다고 상상해 봅시다. 그때 하나님의 능력이 그 사람의 일과 행위와 여가를 지배합니다. 그리하여 그는 사도 바울이 "하나님의 영으로 인도함을 받는 그들은 곧 하나님의 아들이며 율법 아래 있지 않다"라고 말한 사람이 될 것입니다.[2]

그리스도도 그러한 사람에 대해서 "말하는 이는 너희가 아니라 너희 속에서 말씀하시는 자 곧 너의 아버지의 성령이시니라"(마 10:20)고 말씀하셨습니다.

그러나 하나님의 영에 사로잡힌 사람보다 마귀에게 사로잡힌 사람이 수백 배, 수천 배나 많지 않을까 염려됩니다.

이것은 사람들이 하나님보다 마귀를 더 닮는다는 사실에 기인합니다.

자아와 자기의 관심사들은 마귀의 영역입니다. 그러므로 그는 마귀입니다.

이 주제에 관한 말을 간단히 "당신의 자아를 온전히, 그리고 깨끗이 잘라버리라"고 요약할 수 있습니다.

어떤 사람은 "나는 이런 일을 맞을 준비가 되어 있지 않습니다. 그러므로 그런 일이 나에게 일어날 수 없습니다"라고 말할 것입니다. 그러나 이

---

[2] "무릇 하나님의 영으로 인도함을 받는 사람은 곧 하나님의 아들이라"(롬 8:14); "죄가 너희를 주장하지 못하리니 이는 너희가 법 아래에 있지 아니하고 은혜 아래에 있음이라"(롬 6:14).

것은 핑계에 불과합니다.[3]

그에 대해서 다음과 같이 대답하려 한다: 만일 사람이 준비되어 있지 않으며 앞으로도 준비하지 못한다면, 그것은 그 사람의 잘못입니다.

만일 사람이 생각이나 노력을 준비[4]하는 데 집중한다면, 하나님이 그를 준비시켜 주실 것입니다.[5]

하나님은 준비된 사람에게 성령을 부어주실 때와 마찬가지로, 사람을 준비시켜 주실 때에도 많은 열심과 사랑과 결심을 기울이십니다.

그러나 "하나의 새로운 기술을 배우려면 네 가지가 필요하다"라는 말이 있듯이, 사람이 주도해야 할 것이 몇 가지가 있습니다.

첫째, 주님을 위해 예비해야 할 길에 대한 갈망과 부지런함과 결심이

---

[3] 독일신학에서 언급한 것과 같이, 자유 영의 형제자매들이 이 말에 해당된다. 인간의 자유의지는 인간에게 주신 하나님의 결정이며, 이로써 인간은 선과 악을 취사선택할 수 있다. 이 자유의지를 극단적으로 해석하면 행위구원을 주장할 수도 있다.

[4] "회개하라 천국이 가까이 왔느니라 하였으니 그는 선지자 이사야를 통하여 말씀하신 자라 일렀으되 광야에 외치는 자의 소리가 있어 이르되 너희는 주의 길을 준비하라 그가 오실 길을 곧게 하라 하였느니라"(마 3:2-3). 세례 요한은 주님이 오실 길을 준비했다.

[5] 종교생활에 관해서 변증법과 역설법을 구사한 사도 바울의 말씀: "그러므로 나의 사랑하는 자들아 너희가 나 있을 때뿐 아니라 더욱 지금 나 없을 때에도 항상 순종하여 두렵고 떨림으로 너희 구원을 이루라 너희 안에서 행하시는 이는 하나님이시니 자기의 기쁘신 뜻을 위하여 너희에게 소원을 두고 행하게 하시나니"(빌 2:12-13)

필요합니다. 그러한 갈망이 없는 곳에서는 아무 일도 일어나지 않습니다.

둘째, 본받아야 할 본보기가 있어야 합니다.

셋째, 끊임없이 교사를 바라보며, 그분을 믿고 순종하고 따라야 합니다.

넷째, 그 일을 시작하여 실천해야 합니다.

이 네 가지 중 하나가 부족하면, 결코 그 기술을 배우거나 통달하지 못할 것입니다.

이것은 준비에도 그대로 적용됩니다.

첫째 요소, 즉 부지런함과 목적을 향한 단호한 동경을 가진 사람은 구원에 속하고 구원에 이바지하며 구원으로 이어지는 모든 것을 구하여 발견할 것입니다.[6]

그러나 결심과 사랑과 동경을 갖지 못한 사람은 구원을 구하지 않을 것이며, 따라서 구원을 발견하지 못한 채 준비되지 않은 상태에 머물며 목적을 이루지 못할 것입니다.

---

[6] "구하는 이마다 받을 것이요 찾는 이는 찾아낼 것이요 두드리는 이에게는 열릴 것이니라"(마 7:8).

제21장

하나님께 순종하고 순종하기를 원하는 사람은 모든 것, 즉 하나님, 자기 자신, 그리고 모든 피조물에 순종해야 하며, 수동적인 고난을 통하여, 때로는 확실한 행동을 통하여 순종해야 한다.

다른 준비 방법들을 말하는 사람들이 있습니다. 어떤 사람은 우리가 하나님께 순종하며 걱정이 없이 평온하게[1] 자신을 맡겨야 한다고 말합니다.

이것은 현세에서 획득하고 소유할 수 있는 상태에 도달한 사람, 실제로 온전한 목표를 획득했을 수 있는 사람에게 적용됩니다.

그러나 이렇게 말하면서, 우리가 그처럼 고요하게 하나님께 순종하려면 하나님뿐만 아니라, 우리 자신 및 피조물 전체를 포함하여 모든 것에

---

1) 형용사 *Gelassen*(명사 *gelassenheit*)는 라틴어 *non calere*(프랑스어 *nonchalant*)에서 유래했는데, 어원의 문자적 뜻은 "뜨거워지지 않음(not heated up)"을 가지고 있다. 또한 이 단어는 "세파에서 벗어남(detachment from vicissitudes)"을 뜻도 있다. 세파로부터 이탈은 어떤 철학적 사고가 아니라 종교적 헌신으로써 얻어진다. 거센 파도가 "고요함"(마 8:26 참조), "잠잠함"(be still; 시 46:10 참조)은 근심 걱정으로부터 자유함, 감각적 자극으로부터 평온함, 마음이 흔들림 없이 명경지수와 같이 평정(serenity)한 상태를 말하며, 동방 수도사들은 헤시키아(*hesychia*)라고 부른다.

게 순종""" 해야 한다는 사실을 망각할 수도 있습니다.[2]

우리가 하나님께 고요하게 순종하고 순종하기를 원한다면, 우리 주위의 피조 세계와 관계를 유지할 때 번잡한 정신을 갖지 말고 사랑하고 순종하는 마음으로 평온하게 순종하고 순종해야 합니다.

영혼은 그 중심에서 쉬면서, 모든 사람과 함께 고난을 받으며 모든 사람의 짐을 질 수 있게 해주는 은밀하고 감추인 감정 이입의 상태에서 침묵 속에 이 모든 일을 행합니다.

그렇게 행하는 동안 영혼은 핑계를 대거나 저항하거나 회피하거나 복수하려 하지 않습니다.

다시 태어난 영혼은 사랑스럽고 겸손하고 참으로 긍휼히 여기는 마음으로 "아버지여, 저들을 용서하소서. 저들은 자기들이 하는 것을 알지 못하나이다"(눅 23:34)라고 말합니다.

이것이 우리에게 가장 유익한 선한 길이요, 인간이 세상에서 획득할 수 있는 최고의 목표를 받기 위한 준비일 것입니다. 목표는 그리스도의 소중한 생명입니다.

위에서 언급한 길을 가려면 이 세상에서의 육신의 삶을 마칠 때까지의 그리스도의 삶을 온전하고 온전히 따라야 합니다.

따라서 가능한 한 힘껏 예수 그리스도의 삶과 동일한 생활을 하고 실천하는 것이 가장 좋은 방법이요 가장 훌륭한 준비입니다.

---

2) 하나님께 순종이란 성육신된 존재에 온전히 참여한다는 뜻이다. 이 책에서 "하나님 안에서의 삶"이라고 한다면, 그것은 추상적(abstract) 신비주의자의 삶이 아니라 구체적이며 윤리적(ethical)인 삶을 말한다.

그것의 실천에 관해서는 앞에서 조금 다룬 적이 있습니다. 지금까지 참 목표에 이르는 길, 길을 알려주는 표지판에 관해서 설명했습니다.

그러나 참 목표가 무엇인지에 대해서 어떻게 말해야 할지는 아무도 알지 못합니다.

그것을 알고자 하는 사람은 그것을 향해 가는 바른길-그리스도의 삶-을 걸어야 할 것입니다.[3]

---

[3] "또 너희가 내 이름으로 말미암아 모든 사람에게 미움을 받을 것이나 끝까지 견디는 자는 구원을 얻으리라"(마 10:22).

제22장

사람이 영적 진리에 민감해지고 성령에 사로잡히는 것에 대한 네 가지 일.

그리스도의 생명에 이르는 몇 갈래의 길이 있습니다. 그것에 의해서 하나님과 인간이 연합하여, 우리는 하나님과 인간이 하나인 것을 알고 또 그렇게 주장할 수 있습니다. 이 하나 됨은 참으로 온전하신 하나님과 참으로 온전한 인간을 연합합니다. 그러나 인간은 하나님이 인간으로서뿐만 아니라, 하나님으로서 거하실 공간을 만들어야 합니다.[1]

이 연합에는 적극적인 행동과 소극적인 평온함 안에서 끊임없이 이루어지는 상호작용이 있습니다. 참 그리스도는 오직 그곳에만 거하시며, 거기에는 자아에 속한 것은 전혀 개입되지 않습니다.

거기에는 참으로 온전한 사람이 있으므로, 기쁨과 슬픔, 사랑과 고통에 대한 온전한 느낌과 인식, 그리고 표면적으로나 내면적으로 느끼고 경험할 수 있는 모든 것이 있습니다.

---

1) "내가 그리스도와 함께 십자가에 못 박혔나니 그런즉 이제는 내가 사는 것이 아니요 오직 내 안에 그리스도께서 사시는 것이라 이제 내가 육체 가운데 사는 것은 나를 사랑하사 나를 위하여 자기 자신을 버리신 하나님의 아들을 믿는 믿음 안에서 사는 것이라"(갈 2:20 참조).

그러한 사람은 곧 하나님이므로, 하나님이 아닌 사람은 인간에게 즐거움이나 고통을 주는 모든 것을 느끼고 알듯이, 하나님은 사랑과 고통과 같은 것을 알고 경험하십니다.

하나님과 인간이 하나가 될 때, 즉 하나님께서 인간의 내면에서 일하실 때 하나님과 인간을 거스르는 모든 것이 예리하게 느껴지고 경험됩니다.[2]

그 연합 안에서 인간이 무(無)가 되고 하나님이 모든 것이 되시면, 그의 본성적 존재에 고난이 되어왔던 것들이 무가 됩니다. 반면에 육체적·정신적 삶이 지속되는 한, 피조된 질서 안에서 하나님을 거스르고 하나님의 고통이 되는 것이 하나님의 임재의 일부로 남아 있을 것입니다.

게다가 하나님과 인간의 연합으로 이루어진 존재는 독립하여 존재하며 모든 사람과 사물로부터 자유합니다. 다시 말해서, 그는 피조물이 아니라 하나님 덕분에 이렇게 자유를 누리며 삽니다. 왜냐하면 세상의 것들로부터 이탈하여 자아(self)와 나(I)가 없이 자유로운 것이 하나님의 특징이기 때문입니다.[3] 하나님과 동등한 것은 하나도 없습니다.

그러나 모든 일에 있어서 자아의 진보와 자아에 대한 관심사를 추구하는 것이 피조물과 자연 질서의 특징입니다. 사람이 자기의 자아를 포기

---

[2] 하나님과 친밀한 삶을 사는 만큼, 하나님에게서 멀어지게 하는 것에 대해서도 민감해진다.

[3] 이 책에서 *selbheyt*(self)와 *icheit*(I)를 거듭 말하고 있다. 여기서 존재의 근저인 '나(I)' 또는 '자신(self)'이 없어지는 것이 아니라, 물질 세상에서 얻은 느낌과 가치로 인해 형성된 하급자아가 없어지는 것을 말한다.

하고 순종할 때, 하나님께서 하나님의 자아와 함께 임하십니다.

제23장

함께 살고 싶어 하는 두 자매처럼 악령의 씨앗에서 자라나는 두 가지 악한 열매, 즉 영적 소유에 대한 교만과 훈련되지 않은 거짓 자유에 대하여.

어떤 사람이 진리를 향하는 길을 걸으며 실천해오다가 흥미를 잃게 되었다고 생각해 봅시다. 그가 모든 것을 이루었다고 생각할 때, 자신이 세상에 대해서 죽고 자아를 온전히 정복했으며 하나님의 평안함에 거한다고 생각할 때, 마귀가 그 생각 안에 좋지 않은 씨를 뿌립니다.

그 씨는 두 가지 열매를 맺습니다. 하나는 영적으로 부유하다는 느낌, 또는 영적 교만입니다. 나머지 하나는 규율이 없는 거짓 자유입니다. 이 둘은 가까이 지내는 두 자매와 같습니다.

이러한 일이 발생하는 경위는 다음과 같습니다. 마귀는 사람들을 자만하게 만들어 가장 고귀하고 심오한 것을 획득했다고 생각하고 또 그렇게 믿게 만듭니다. 마귀는 그에게 이제부터는 성경이나 어떤 보조물이 필요하지 않다고 속삭입니다.[1] 실제로, 그는 자신에게 아무것도 필요하지 않다고 상상합니다.

이러한 정신 상태에서 그의 내면에 일종의 평안과 자기만족이 생겨나

---

1) 자유 영의 형제자매단을 가리킨다.

기 때문에, 그는 다음과 같이 외칩니다: "이제 나는 인류 전체보다 위에 있으며, 온 세상을 합한 것보다 더 많이 알고 이해한다. 그러므로 나는 당연히 신처럼 행동해야 하며, 모든 피조물, 특히 인간은 나를 섬기고 나에게 순종해야 한다."

이 사람은 모든 피조물, 특히 인간들에게 이러한 대접을 요구하며, 그러한 대접을 받을 때 기뻐합니다. 그는 자신이 그러한 대접을 받을 자격이 있다고 생각하며, 모든 사람을 당나귀나 가축으로 여깁니다. 미혹된 성도는 자기의 몸과 육체와 본성적인 욕구에 유익하고 쾌락과 기분전환과 환락을 강화해주는 모든 것은 자신의 노력으로 획득한 그것으로 생각하며, 기회가 주어질 때마다 그것을 추구하고 받으려 합니다. 그는 자신을 위해 행해지는 것이 너무 적다고 생각하며, 자신은 주어지는 모든 선한 것을 받을 자격이 있다고 여깁니다. 그리고 그를 섬기며 그에게 아첨하는 사람들은 모두 신실한 사람, 진리를 사랑하고 그 안에 거하며 가난한 사람들에게 관심을 기울이는 사람들이라고 합니다. 그들이 강도요 살인자일 수도 있음에도 불구하고 미혹된 성도는 그들을 찬양합니다. 그리고 그들을 찾아내어 그들이 가는 곳마다 따라갑니다.

그러나 이처럼 교만한 사람의 의지에 따라 행동하지 않고 그들을 섬기거나 존경하지 않는 사람은 베드로처럼 거룩한 사람일지라도 그들로부터 사랑받지 못하고 책망을 받습니다.

이 무성하게 퍼진 영적 교만에는 성경이나 교리가 필요한 것이 아니라는 믿음이 포함됩니다. 교만한 사람들은 교회의 모든 규칙과 명령과 법과 성례전을 무가치하게 여깁니다. 영적 교만은 이것들 및 이것들을 존중하는 모든 사람을 조롱합니다.

우리는 여기에서 한 지붕 아래 사는 두 자매(영적 교만과 거짓 자유)를 분명히 볼 수 있습니다.
 교만한 사람들은 자신이 다른 모든 사람보다 더 많이 알고 이해한다고 생각하기 때문에, 다른 사람들보다 더 많은 말을 하며, 자기가 하는 말이 고려해볼 가치가 있는 유일한 지혜라고 주장합니다. 그들은 다른 사람의 말은 틀린 것이라고 주장하고 그것들을 경멸하며, 어리석다고 합니다.

제24장

영적 가난과 진정한 겸손에 관하여. 그리고 진리로 자유케 된 의롭고 규모 있는 참 자유인을 구별하는 방법에 관하여

심령이 가난하고 영적으로 겸손한 사람들은 위에서 말한 사람들과는 매우 다릅니다.[1] 심령의 가난은 참믿음−인간은 본질적으로, 그리고 자기 스스로, 그리고 자신의 재능 안에서는 무가치하다는 것−의 발견과 그것에 대한 지식에서 오는 것입니다. 그는 무능하며, 허약함과 악덕과 사악함 외에는 어느 것도 어울리지 않는다는 것을 압니다.

이러한 지식으로써 자신이 가진 모든 것과 장차 하나님이나 하나님의 창조로부터 자기에게 주어질 모든 것을 받을 자격이 없다는 것, 그리고 자신이 하나님과 그리고 하나님의 대리인인 모든 피조물에 빚진 자라는 것을 알게 됩니다. 따라서 그는 모든 것을 불쌍히 여기며 적극적으로 봉사합니다.[2]

---

1) "오히려 자기를 비워 종의 형체를 가지사 사람들과 같이 되셨고"(빌 2:7)에서 유래된다. 즉, "자기를 비워 종의 형체"를 "가난"(poverty, *Armut*)이라는 단어로 함축한다.

2) 예수님의 제자들이 "천국에서는 누가 크니이까?"라는 질문에 "이르시되 진실로 너희에게 이르노니 너희가 돌이켜 어린 아이들과 같이 되지 아니하면

그러므로, 당연한 우리의 권리로 인해 가질 수 있는 것은 아무것도 없습니다. 여기에서 어떤 사람은 겸손한 정신을 가지고 이렇게 말합니다: "만일 하나님과 모든 피조물이 나를 대적하고 나에 대한 권리를 주장하는 것은 정당하고 옳은 일일 것이다. 또 나는 아무도 대적하지 말아야 하며, 그 무엇에 대해서도 권리를 주장할 수 없다는 것을 알아야 할 것이다."

그러한 사람은 하나님으로부터, 또는 피조물로부터 사는데 필요한 것 외에는 아무것도 요구하거나 바라지 않습니다. 혹시 바란다고 해도 그것은 권리로서 바라는 것이 아니라, 은혜로 말미암아 두려운 마음으로 바랍니다.

이 사람은 본성적으로 필요한 것 외에는 자기의 몸이나 욕구에 관심을 기울이지 않습니다. 그리고 절대적으로 필요한 경우가 아니고는 다른 사람의 섬김을 허락하지 않으며, 항상 두렵고 떨림으로 행합니다. 이는 그는 그 무엇에 대해서도 권리를 가지고 있지 않으며 자신이 무가치하다고 생각하기 때문입니다. 이런 사람은 자기의 말과 대화가 무가치하고 어리석다고 여깁니다.

이런 까닭에 그는 거룩한 사랑과 신실함의 자극을 받을 때 외에는 사람들을 가르치려는 말을 하지 않으며, 말을 할 때는 두려워하면서 사랑스

결단코 천국에 들어가지 못하리라 그러므로 누구든지 이 어린 아이와 같이 자기를 낮추는 사람이 천국에서 큰 자니라"(마 18:2-4)고 대답하셨다. 그러므로 이 책의 저자는 세상에서의 삶과 하나님 안에서의 삶이 긴밀한줄 깨닫고 "기독교인은 하나님의 위해 피조 만물에 순복하고 겸손해야 한다"라고 했다.

럽게 행동합니다.

이렇게 영적으로 가난하고 겸손한 사람은 모든 사람에게는 자아, 악습, 사악함 등을 향하는 성향이 있다는 것을 발견하고 압니다. 또 이러한 성향 때문에 질서, 규칙, 법, 명령 등이 필요하며 유익하게 된다는 것도 깨닫습니다. 법과 명령은 우리의 맹목성[3]을 분명히 보여 주며, 악을 제어합니다.

만일 이것이 없다면, 사람들은 짐승보다 훨씬 더 미숙하고 악할 것입니다. 많은 사람이 외적인 규칙과 질서를 통해서 진리로 이끌려 갔습니다. 만일 외적인 규칙과 질서가 없었다면, 그러한 일은 일어나지 못했을 것입니다.

또 질서와 규칙을 실천하기 시작하지 못한 사람은 거의 진리에 이르지 못합니다. 결국, 그들은 더 선한 것을 알지 못합니다. 그러므로 겸손한 영성이나 영적 가난의 영역에서는 법과 명령, 질서와 규칙 등을 무시하거나 경멸하지 말아야 하며, 또 그것들을 지키고 따르는 사람들도 멸시하지 말아야 합니다. 그러한 사람들은 사랑을 가지고 동정하고 불쌍히 여기고 안타까워하면서 다음과 같이 기도합니다: "진리이신 하나님, 인간의 맹목성과 연약함과 사악함 때문에 실제로 필요하지 않으며 제정해서

---

[3] 제17장 마지막 단락에 맹목성에 관해 설명하고 있다. *blindheit*는 자기중심 존재(ego-centered existence)를 의미하는 단어이다. 여기서 에고이즘(egoism)이란 객관적인 사실에 눈이 먼 상태를 말한다. 이 책의 저자는 질서, 규칙, 법, 명령 등이 자신의 맹목성을 깨닫게 해주며, 그로 인해서 은총을 발견하도록 눈을 뜨게 하는 유익에 관해서 설명하고 있다.

는 안 될 것을 필요한 것으로 규정함으로 인해 우리가 슬퍼하며, 당신께서도 우리 영혼과 함께 슬퍼하십니다."

규칙은 지혜가 없는 사람들이 진리로 나아와 내적으로 모든 법과 질서가 필요한 이유를 알고 인정하게 하기 위한 호소입니다.

그것을 아는 사람들은 알지 못하는 사람들 가운데서 일하며 그들과 함께 실천합니다. 그들의 우선적인 의도는 그들이 규칙을 지키며 악에 빠지지 않게 하는 것입니다. 그러나 동시에 그들이 하늘나라에 더 가까이 가려는 소망을 가집니다.

가난과 겸손과 관련하여 여기에 기록된 모든 것이 지금까지 이야기한 길입니다. 그것은 그리스도의 삶과 말씀으로 증명되고 입증됩니다. 왜냐하면 그리스도는 참 겸손에 속하는 모든 일을 성취하시고 완성하셨기 때문입니다. 그리스도의 삶과 말씀 안에서 우리는 다음과 같은 교훈을 발견합니다: "나는 마음이 온유하고 겸손하니 내게서 배우라. 너희 마음이 쉼을 얻으리라."(마 11:29).

그리스도는 언약[4]과 율법, 그리고 언약 아래 사는 사람들을 무시하거나 멸시하지 않으셨습니다.[5] 그러나 주님은 우리가 그것들을 지키는 것만으로 충분하지 못하며, 계속 노력하여 참 진리 안으로 들어가야 한다

---

4) 기본적으로 "혼인 연합(marital union)"에서 파생된 언약(covenant)이란 혼인 서약을 의미하는 *die ee*라는 단어에서 파생되었다.

5) "내가 율법이나 선지자를 폐하러 온 줄로 생각하지 말라 폐하러 온 것이 아니요 완전하게 하려 함이라"(마 5:17). 이 책의 저자는 "율법(the law)"을 "언약(covenant; *die ee*)"으로 이해했다.

고 말씀하셨습니다.[6]

　사도 바울은 기록하기를, 그리스도께서 언약 아래 있는 사람들을 구속하시기 위해 언약을 짊어지셨다고 했습니다. 이것은 그리스도께서 그들을 보다 선하고 친밀한 것에게로 인도하기를 원하신다는 뜻입니다[7]. 주님은 또 "인자가 온 것은 섬김을 받으려 함이 아니라 섬기기 위함이라"(마 20:28)고 말씀하셨습니다. 거듭 말하지만, 우리는 그리스도의 말씀과 사역과 생명 안에서 순수한 겸손과 가난을 발견합니다. 하나님이 인간이 되셨으며, 그 결과로서 그리스도가 현존하시는 모든 곳에는 반드시 이러한 결과가 나타나야 합니다. 그러나 교만이 성장하며 거짓된 영적 부요함과 규모가 없는 자유분방한 정신이 자리잡은 곳에는 그리스도가 계시지 않으며 참된 그리스도의 제자도 존재하지 않습니다.

　그리스도는 "내 마음이 심히 고민하여 죽게 되었다"라고 말씀하셨습니다. 이것은 육체적인 죽음을 의미하는 것으로서, 마리아에게서 태어나

---

　6) "내가 너희에게 이르노니 너희 의가 서기관과 바리새인보다 더 낫지 못하면 결코 천국에 들어가지 못하리라"(마 5:20). 그리스도는 악행 뿐만 아니라 하찮은 물질로 인해 하나님의 교훈을 멸시하는 사악한 생각을 매우 중요하게 생각하셨다.

　7) "내가 그들의 죄를 없이 할 때에 그들에게 이루어질 내 언약이 이것이라 함과 같으니라"(롬 11:27); "식후에 또한 그와 같이 잔을 가지시고 이르시되 이 잔은 내 피로 세운 새 언약이니 이것을 행하여 마실 때마다 나를 기념하라 하셨으니"(고전 11:25); "때가 차매 하나님이 그 아들을 보내사 여자에게서 나게 하시고 율법 아래 나게 하신 것은 율법 아래 있는 자들을 속량하시고 우리로 아들의 명분을 얻게 하려 하심이라"(갈 4:4-5).

서부터 육신의 죽음에 이르기까지의 모든 세월을 염두에 두신 것입니다. 그리스도의 고민과 슬픔이 어떤 것이었는지에 대해서는 이미 이야기한 바 있습니다.[8]

또 그리스도는 "심령이 가난한 자는 복이 있나니 천국이 저희 것이라"(마 5:3)고 말씀하십니다. 이것은 참으로 겸손한 사람을 언급하는 것입니다.

비록 우리가 성경에서 글자 그대로 발견하지는 못하지만, 진리는 반대되는 것에 대해서도 말씀하십니다: "영적으로 부유하고 교만한 사람은 복을 받지 못하고 저주를 받는다. 마귀의 나라가 저희 것이다."[9]

그러므로 우리는 하나님께서 언제 사람의 내면을 차지하시는지 분명히 압니다. 그리스도와 참 제자들이 있는 곳에서는 심령의 가난과 겸손, 그리고 연단되고 사려가 깊은 정신을 발견할 수 있습니다. 이러한 정신 안에는 육신이 죽을 때까지 지속되는 은밀하고 감추인 슬픔과 고난이 있습니다.

하나님 안에서의 삶에 대해 다른 생각을 하는 사람은 미혹된 사람입니다. 그는 자신이 미혹되었을 뿐만 아니라 다른 사람들도 미혹합니다.

---

8) "이에 말씀하시되 내 마음이 매우 고민하여 죽게 되었으니 너희는 여기 머물러 나와 함께 깨어 있으라 하시고"(마 26:38). 뷔르츠부르크(Würzburg)는 이 구절에 대해 "그분의 생애에 하루도 좋은 날이 없었으며, 고통과 괴로움의 연속이었다. 그러므로 그분의 종들인 우리에게도 그런 날들이 일어나야 한다"라고 했다.

9) 이 부분은 마틴 루터의 독일신학에만 들어있다.

본성과 자아는 하나님 안의 삶으로부터 뒷걸음치며, 거짓되고 무법한 자유에 속한 삶을 고수합니다. 이처럼 본성적인 저항의 도움을 받아 아담이나 마귀가 다음과 같은 속임수로 무장하고서 등장합니다: "너는 그리스도에게는 그분 자신의 자아, 그리고 그것과 관련된 모든 것이 없다고 말하고 있습니다. 그러나 그분은 종종 자신의 자아와 영화롭게 된 자아에 대해서 말씀하셨습니다."

답변: 그러나 행동과 의지 안에서 진리가 활동하는 곳에서는 진리가 드러나고 알려져야 한다는 단 하나의 소망을 중심으로 하여 의지와 갈망과 작업이 형성됩니다.

이것이 그리스도 안에 있는 진리였으며, 말과 행위는 그 진리의 일부였습니다. 그러나 그중에서 가장 선하고 유익한 것은 다음과 같습니다: 그리스도는 주위의 모든 것을 자신의 것으로 주장하지 않으셨다는 의미에서 그것들로부터 자유하셨듯이, 이러한 말과 행위에서부터 자유하셨습니다.

그러나 당신은 "그렇다면 결국 그리스도 안에는 하나의 드러나지 않은 동기가 있었다"라고 말할 것입니다.

만일 태양에게 "너는 왜 빛을 비추느냐?"라고 묻는다면, 태양은 "나는 빛을 비추어야 하며, 다른 일을 할 수 없다. 그것이 나의 본성이다. 빛을 비추는 것이 내 안에 있다. 그러나 동시에 나는 이 본성으로부터 자유로우며, 빛을 비추는 것으로부터 자유하다. 왜냐하면 내가 발하는 빛은 나 자신의 것이 아니기 때문이다"라고 대답할 것입니다. 하나님과 그리스도, 그리고 경건하며 하나님에게 속한 모든 것도 이와 동일합니다. 그것은 오직 선을 위해서 선만 갈망하고 의도하고 행합니다. 그밖에 다른 동기는 없습니다.

제25장

모든 것을 버려야 한다는 그리스도의 말씀을 어떻게 이해할 것인가? 거룩한 뜻과의 참된 연합을 어떻게 이해할 것인가?

그리스도께서는 우리에게 모든 것을 버리고 포기해야 한다고 말씀하셨는데, 이 말씀은 아무 일도 행하거나 갖지 말라는 뜻으로 이해해서는 안 됩니다.[1]

인간은 살아 있는 동안에는 행동하는 자가 되어야 하며 일상적인 일들을 수행해야 한다는 의미도 됩니다. 그러나 이 말을 인간의 능력과 활동과 휴식과 학습에 의존함으로써 하나님과 연합을 이룬다는 식으로 이해해서는 안 됩니다.

그렇다면 하나님과의 연합이란 어떤 것입니까? 하나님과의 연합이란 하나님의 영원한 의지 안에서의 순수하고 단순한 휴식입니다. 또는, 연합이란 피조된 의지가 영원한 의지 안으로 흘러 들어가서, 거기에서 소멸하고 무(無)가 되어서 영원한 의지만이 우리 내면에서 의도하고 일하

---

[1] "예수께서 이르시되 네가 온전하고자 할진대 가서 네 소유를 팔아 가난한 자들에게 주라 그리하면 하늘에서 보화가 네게 있으리라 그리고 와서 나를 따르라 하시니"(마 19:21). 이 말씀을 두고 "자유 영의 형제자매단 운동"에서는 "온전함을 이루기 위해서는 일상의 직무를 해태(懈怠)해도 된다"라는 취지로 해석했다.

고 말씀하도록 의지(인간의 의지: 역자 주)가 없는 상태라고도 할 수 있습니다.

우리가 이러한 목적을 지향하도록 이바지하고 도움을 주는 것이 무엇인지 살펴봅시다. 우리의 말이나 행위나 규칙, 노력, 모든 피조물의 노력으로는 하나님과의 연합을 이룰 수 없습니다. 행위, 학습, 능력, 활동으로도 이룰 수 없습니다. 이런 것들을 모두 내려놓아야 합니다. 다시 말해서, 온갖 종류의 행위, 말, 규칙, 재치, 뛰어난 기능 등 간단히 말하자면 피조된 어떤 것이라도 하나님과의 연합을 이루는 데 기여하거나 도움을 줄 수 있다고 생각하지 말아야 합니다.

오히려, 이 모든 것을 내려놓고 하나님과의 연합으로 들어가야 합니다. 물론, 표면적인 것들은 그 계획의 일부입니다. 우리는 활동하며 활동하지 않는 가운데서 이것들과 함께 살아야 합니다. 구체적으로 표현하자면, 우리는 이 세상에 사는 동안에 잠자며 깨어나며, 걸으며 정지하며, 말하며 침묵하는 등 여러 가지 일을 해야 합니다.

제26장

거룩한 뜻과 연합된 후의 속사람은 어떻게 견고히 서며, 그렇지 못한 겉사람은 어떻게 방황하는가?

하나님과의 참된 연합이 이루어질 때, 속사람은 존재의 깊은 곳에 영구히 뿌리를 내립니다. 그러나 하나님은 겉사람이 일상사 안에서, 그리고 세상적인 삶의 규칙으로 인해 일어나는 일에 따라 흔들리게 하십니다.

겉사람은 "나는 존재하지도 않고 존재하지 않는 것도 아니며, 살지도 않으며 죽지도 않으며, 아는 것도 아니고 알지 못하는 것도 아니며, 행하는 것도 아니고 활동적이 아닌 것도 아니다. 그러나 나는 분명히 존재하며 일어날 일을 적극적으로 섬김으로나 내면의 사랑을 가지고 순종하며 행할 준비가 되어 있다"라고 말합니다.

겉사람은 영원하신 뜻을 성취하는 것을 제외하고는 다른 "까닭"이나 목적을 갖고 있지 않습니다. 속사람은 서 있되 움직이지 않으나 겉사람은 움직입니다. 만약 속사람의 삶의 동기가 표면적인 움직임에 있다면, 그것은 영원하신 뜻이 정하신 의무와 임무일 것입니다. 이것이 우리가 그리스도 안에서 보듯이 하나님께서 인간으로 나타나시는 곳입니다.

이러한 사람이 사는 곳과 영적인 교만이 없는 거룩한 빛으로 사는 삶에는 무분별한 자유나 방종한 성향들이 나타나지 않고, 다만 깊은 겸손과 사려 깊고 통회하는 마음이 나타납니다.

존경스러운 행위, 정직, 언행일치, 진실함, 그리고 인간관계에서 덕스러운 모든 것들이 이러한 삶에 속합니다. 이러한 삶에는 이것들이 반드시 있어야 합니다. 만일 그것들이 없다면, 연합은 잘못된 것입니다.

어떤 특별한 행동이나 덕은 연합을 초래하거나 촉진하지는 않지만, 그것들이 연합을 방해하거나 제거할 수는 없습니다. 사람만이 자기 의지를 통해서 연합을 방해할 수 있습니다.

제27장

인간은 죽기 전에는 고통이 없이 평온한 상태를 얻을 수 없는가?

인간은 부활하신 후의 그리스도처럼 세상에 사는 동안 모든 면에서 고통에서 자유로울 수 있으며 마땅히 자유로워야 한다고 주장하는 사람들이 있습니다.[1]

그들은 "내가 살아난 후에 너희보다 먼저 갈릴리로 가리라 거기서 너희가 나를 보리라"(마 28:7)고 하신 그리스도의 말씀을 인용함으로써 이것을 증명하려 합니다. 또 "영은 살과 뼈가 없으되 너희 보는 바와 같이 나는 있느니라"(눅 24:39)라는 말씀도 인용합니다.

그렇다면, 위의 말씀들은 다음과 같이 해석됩니다: "내가 육체와 생명 안에 있을 때 너희가 나를 보고 따른 것처럼, 내가 너희보다 먼저 갈릴리로 갈 때 너희가 나를 보고 따라올 것이다. 이것은 나를 따라 너희가 고통이 사라지고 평화가 지배하는 상태에 들어갈 것이며, 몸의 죽음을 통과하기 전까지 그 안에 머물 것이라는 말이다. 내가 뼈와 살로 이루어진 몸 안에서 나타난 것을 너희가 보듯이, 너희는 육체적인 죽음을 경험하기 전에 너희는 고난에서 자유하게 되며 유한한 인간성 안에 있는 고통을 초

---

1) 자유 영의 형제자매단의 주장이다.

월하게 될 것이다."

나는 이러한 주장에 반대합니다. 첫째, 그리스도는 자신이 겪으신 모든 고난이 선행(先行)하지 않는 한, 인간은 그러한 단계를 획득할 수 있고 또 획득해야 한다는 의미로 말씀하신 것이 아닙니다.

그리스도는 육체의 죽음과 그것에 따르는 경험을 통과하시기 전에 이 단계를 획득하신 것이 아닙니다. 따라서 인간은 육체에 거하면서 고난에 예속되는 동안에는 온전한 평화와 영적인 평정을 획득할 수 없습니다.

만일 이 상태가 가장 고귀하고 훌륭한 상태라면, 그리고 세상에 사는 동안에 그것을 획득하는 것이 가능하며 영적으로 바람직한 것이라면, 그 것은 그리스도의 삶 속에서도 발생했을 것입니다.

그리스도의 삶은 가장 고귀하고, 가장 선하며, 하나님께 흡족한 삶이었으며, 과거와 미래의 모든 삶 중에서 가장 사랑스러운 삶이었습니다.

그러나 이와 같은 세상의 비애로부터의 자유가 그리스도 안에서 발생하는 것이 허락되지 않았으므로, 그 자유는 결코 인간에게서 나타나지 않을 것입니다. 왜냐하면 그러한 일이 발생하는 것은 곧 인간 생활이 실제로 가장 선하고 고귀한 것이라는 의미가 될 것이기 때문입니다.

물론 우리에게는 그러한 일을 생각할 자유가 있으며, 또 그것에 대해 이야기할 수도 있습니다. 그러나 말과 생각이 그러한 자유를 만들어내는 것은 아닙니다.

제28장

인간은 어떻게 규범, 질서, 법, 법칙 등을 초월한 상태에 들어
갈 수 있는가?

인간은 덕, 규칙, 질서, 명령, 법, 인간 관계에서의 정직 등을 초월할 수 있으며, 영구히 버리고 파괴할 수 있다고 주장하는 사람들이 있습니다.

이 주장은 어느 정도 타당성이 있지만, 그 안에는 거짓이 감추어져 있습니다. 그리스도는 자신의 삶을 초월하셨고, 모든 덕과 규칙과 질서 등을 초월하여 존재하셨습니다. 마귀도 그것들을 초월하여 존재하지만, 그리스도의 방식과는 차이가 있습니다.

그리스도는 말과 행위, 규칙, 행동 및 행동의 억제, 침묵과 말, 고난 등 그리스도 안에서 발생한 어떤 일도 그리스도를 위한 필요성에서 출현한 것이 아니라는 의미에서 이 모든 것을 초월하십니다. 그리스도는 이런 것들을 필요하지 않으셨으며, 그것들은 인격적으로 그리스도에게 전혀 소용이 없었습니다.

우리의 덕, 질서, 정직 등의 경우도 동일합니다. 만일 우리가 그것들에 의해서 무엇인가를 초월한다면, 그것들에 의해 초월되는 것은 이미 그리스도 안에 현존합니다.

이런 의미에서, 우리의 덕을 내려놓아야 한다는 말은 진실입니다. 우리는 "무릇 하나님의 영으로 인도함을 받는 그들은 하나님의 자녀라 그들이 법 아래 있지 아니하고 은혜 아래 있음이라"(롬 6:15)라는 사도 바울의

말을 이런 의미에서 이해해야 합니다.

즉 우리는 그들에게 마땅히 행해야 할 것과 행하지 말아야 할 것을 가르칠 필요가 없습니다. 왜냐하면 그들의 교사이신 하나님의 성령이 훌륭히 그들을 가르치시기 때문입니다.

또 그들에게 선을 행하고 악을 피하라는 등의 명령을 할 필요도 없습니다. 왜냐하면 그들에게 선한 것과 선하지 않은 것, 가장 선한 것과 그렇지 못한 것을 가르치시는 분이 그들을 불러 다른 것은 버리고 가장 선한 것 안에 거하라고 명령하시며, 그들은 그분에게 순종하기 때문입니다.

이런 의미에서 그들은 율법과 관련하여 교훈이나 명령을 기다릴 필요가 없습니다. 또 다른 의미에서 그들에게는 법이 필요하지 않습니다: 그들은 그것에 의해서 자신을 위한 것을 받거나 획득하지 않으며, 유익을 얻지도 않습니다.

우리가 이 방법에 따라서, 또는 피조물의 도움과 조언과 말과 행위로 영속적으로 영향을 발휘하든지 간에, 자유함을 얻는 사람들은 이미 그것을 소유하고 있습니다. 이런 의미에서, 사람은 모든 법과 덕을 초월하며, 또 피조물의 행위와 지식과 능력을 초월할 수 있습니다.

제29장

왜 인간은 그리스도의 삶을 부인하지 않고 오히려 장려해야 하며, 죽기까지 그러한 관계를 유지해야 하는가?

우리가 명령과 법, 규칙, 질서 등은 물론 그리스도의 생명을 거부하고 제거해야 하며, 그것들을 멸시하고 관심을 기울이지 말아야 한다는 주장에 대해 생각해 봅시다. 그러한 주장은 그릇된 것이요 거짓입니다.

물론 어떤 사람은 이렇게 말할 것입니다: "그리스도 및 인간들은 그리스도의 생명에 의해서 아무런 유익을 얻지 못하며, 또 규칙, 질서 등을 준수함으로써 영적인 유익을 얻지 못하며, 그것에 의해서 획득할 수 있는 것을 이미 소유하고 있다면, 그들에게 법에 대해서 말할 필요가 없지 않은가? 그들은 그것을 포기하지 말아야 하는가? 그들은 그리스도의 삶과 명령을 실천하고 추구해야 하는가?"[1)]

우리는 두 종류의 빛이 있다는 사실에 주목해야 합니다. 하나는 참빛이고 또 하나는 거짓 빛입니다. 참 빛은 영원한 빛으로서 하나님과 동일한 것입니다. 그것은 피조된 빛, 경건하거나 거룩한 은혜라고 불리는 것으

---

1) "자유 영"은 "그리스도 삶"을 표면적인 규칙을 지켜야 하는 낮은 수준의 삶으로 여겼다.

로 나타납니다.[2] 그것이 참 빛입니다.

한편, 거짓 빛은 본성, 또는 본성에 속한 빛입니다. 전자가 참 빛이요 후자가 거짓 빛인 이유는 무엇입니까? 그것은 글이나 말보다는 직관에 의해서 더 쉽게 감지됩니다.

우리는 의지, 앎, 분명한 계시, 또는 이름을 붙이거나 말하거나 생각에 의해서 인식될 수 있는 것을 신성(Godhead)[3]이신 하나님의 속성으로 간주할 수 없습니다.

그러나 하나님 자신을 경배하는 것, 하나님 자신을 알고 사랑하는 것, 하나님 자신을 스스로에게 드러내시는 것 등은 하나님께 속한 것입니다. 하나님은 피조물이 없이도 신이시므로, 이 모든 것은 드러난 사역으로서가 아니라 존재로서 하나님 안에 존재합니다.

이러한 경배와 계시 안에서 위격(位格; persons)의 차이가 생겨납니다.

---

2) *Lumen increatum*(피조되지 않은 빛)과 *lumen creatum*(피조된 빛)에 관해서 설명하고 있다. 하나님을 알게하는 피조되지 않은 은혜와 육화된 계시, 즉 사람에게서 일시적으로 나타나는 피조된 은혜가 있다.

3) 신학 용어로 신성(*divinitas*)과 하나님(*deus*)을 구분했다. 신성(Godhead; *Divinitas*)은 모든 증험(證驗)을 초월하는 힘이다. 하나님(Deus)은 삼위일체 안에 나타난 신성이시다. 그러니까 삼위의 하나님을 돌파(breakthrough)하여 신성에 이른다. 성부를 마이스터 엑카르트는 이 두 가지 측면을 신성(Godhead; *gotheit*)라고 불렀고 하나님(god; *got*)라고 불렀다. 마틴 루터는 이 전통을 따라서 피조되지 않은(*increatus*) 하나님과 피조된(*creatus*) 하나님; 보이지 않는(*nūdus*) 하나님과 보이는(*revelatus*) 하나님을 구별했다.

그러나 신이신 하나님이 인간이 되실 때, 또는 경건한 사람이나 신화된 사람 안에 하나님이 거하실 때, 그 사람 안에는 하나님 자신의 것이며 피조물에 속하는 것이 아니라, 하나님에게만 속하는 것이 항상 존재합니다. 그것은 원래 본질적으로 피조물과는 전혀 다른 것으로서 하나님 자신 안에 존재하며, 형태나 행위와는 거리가 멉니다. 그러나 하나님은 자신의 가장 깊숙한 뜻이 행동으로 옮겨지고 실천되기를 원하셨습니다. 이것을 위해서가 아니면, 하나님의 생명이 우리에게 있어야 할 이유가 무엇이겠습니까? 그것이 쓸모없는 상태에 머문다면, 무슨 유익이 있겠습니까? 무엇이든지 간에 쓸모없는 것은 모두 무익한 것입니다. 그것은 하나님의 뜻도 아니고 자연의 뜻도 아닙니다.

하나님은 자신을 드러내시며, 자신의 소원이 성취되기를 원하십니다. 만일 피조물이 없으면 그 일이 이루어질 수 없다면; 현현(顯現)된 것, 즉 피조물이 전혀 없다면, 과연 하나님은 어떤 분이 되실 것입니까?

이에 대한 언급은 이쯤에서 멈추려 합니다. 그렇지 않으면, 우리가 어디에 있는지, 어떻게 빠져나올지도 모를 의문에 깊이 빠질 것입니다.

제30장

어떻게 하나님은 참되고 변함이 없으신 온전한 선이시며, 어떻게 그는 빛이요 지혜요 모든 덕이 되시는가? 왜 사람은 가장 사랑스럽고 높고 귀하신 하나님을 붙들어야 하는가?

선이라는 측면에서 하나님에 대해 생각해 봅시다. 하나님은 구체적인 형태의 선이 아니라 선(Goodness)으로 간주하는 선이십니다.

어느 특별한 장소에 존재하는 것은 모든 장소에 존재할 수 없으며, 그것이 출현했던 모든 장소를 초월하지 못합니다. 오늘 존재하다가 내일 사라지는 것은 영원히 존재하지 못하며, 모든 시간을 포함하지 못합니다. 특별한 것, 구체적인 것은 모든 사물이 아니며, 모든 사물을 포함하지 못합니다.

만일 하나님이 우리가 지적할 수 있는 구체적인 분이시라면, 만물 안에 계신 모든 것이 되실 수 없고 만물을 초월하실 수 없을 것입니다. 그러나 실제로 하나님은 모든 것을 초월하시며 모든 것이 되십니다. 만일 하나님이 구체적인 것 안에만 존재하신다면, 참 온전함이 되지 못할 것입니다. 하나님은 피조물이 감지하고 이름을 붙이고 생각하고 묘사할 수 있는 구체적인 피조물이 아닙니다.

만일 선이신 하나님이 하나의 구체적인 선이시라면, 온전한 선일 수 없고 모든 선할 것들을 초월하지 못하실 것입니다. 그분은 하나의 온전하고 전체적인 선이 되실 수 없을 것입니다. 그러나 실제로 하나님은 하나의 온전하고 전체적인 선이십니다.

또한 하나님은 빛이시요 내면의 지식입니다. 그것의 본성은 빛을 발하고 비추고 아는 것입니다. 그러므로 하나님은 빛이요 앎입니다. 하나님은 빛과 앎을 방출하셔야 합니다. 피조된 세상과는 상관없이 빛을 발하는 것과 앎이 하나님입니다.

하나님은 하나의 분명한 활동으로서 존재하시는 것이 아니라 하나의 존재 또는 시작으로서 존재하십니다. 만일 이 존재가 활동, 즉 창조적인 사역으로 표현되려면, 피조물을 통해야 합니다.

이러한 내적인 앎과 빛이 하나의 유형적인 존재 안에서 작용할 때, 그 존재는 자신이 구체적인 사물에서 유래된 것이 아니라 선(Good) 자체에서 유래되었음을 인식하고 증언합니다.

그것은 구체적인 사물이 아니므로, 그것의 내적 앎과 증거는 독립된 사물들로부터 솟는 것이 아닙니다. 그것은 개별적인 선한 것들과 동일한 것이 아니라 모든 선한 것들의 총체―개별적인 선의 형태들을 능가하는 것―인 하나의 참되고 단순하고 온전하신 선이 있다는 것을 알며 또 증거합니다.

앞에서 참 빛은 하나의 단순하신 선을 증언한다고 말했습니다. 그렇다면, 그 하나의 선에 대해서 무엇이라고 말하는 것입니까?

하나님은 단순한 선이요 내적 지식이요 빛이시므로, 동시에 하나의 의지, 사랑, 의, 진리, 가장 깊은 덕이십니다. 이것들은 모두 상이한 것이지만, 하나님 안에서 하나이며, 피조물이 없으면 구체적인 선이 실현되거나 행동으로 실천될 수 없습니다. 피조물이 없이 하나님 안에 있는 선은

행위가 없이 시작되어 존재하는 것에 불과합니다.[1]

그러나 모든 것이신 한 분 하나님이 한 인간을 받아들이셔서 그의 힘이 되시며 그에게 영적 능력을 부여하여 하나인 동시에 모든 것이 되시는 분이 인간 생활 안에서 자기 자신을 인식할 수 있게 하신다고 가정해 봅시다. 그러한 상황에서, 한 분 하나님과 연합된 의지와 사랑은 실제로 하나님을 따르는 사람의 내면에서 그를 통해 하나님 자신에 의해 선포됩니다. 왜냐하면 한 분이신 하나님은 빛이요 지식이시기 때문입니다. 선이신 하나님은 선 외에 다른 것을 원하지 못합니다.

따라서, 이 사람은 선(Good)을 위해서, 오로지 선 때문에 선한 것만 원하고 사랑합니다. 그는 상황이 특별하기 때문에, 또는 어떤 목적, 즐거움이나 고통, 기쁨이나 슬픔, 행복이나 불행 등에 유익하므로 선을 원하고 사랑하는 것이 아닙니다. 그는 자기 자신을 위해서 그런 문제들을 고려하지 않습니다.

여기서 묘사하는 삶을 사는 사람은 자아와 자기와 관련된 것들을 모두 포기하고 버렸기 때문입니다. 그런 사람은 "나는 자신을 사랑합니다. 당신을 사랑합니다. 나는 이것 또는 저것을 사랑한다"라고 주장하지 않습니다.

만일 당신이 사랑이신 하나님께 "당신은 무엇을 사랑하십니까?"라고 물으면, 그분은 "나는 선을 사랑한다"라고 대답하실 것입니다. 그 이유를 물으면 "그것은 선하며, 선을 위한 것이기 때문이다"라고 대답하실 것입

---

[1] 전지전능한 존재가 창조된 세계를 필요로 해야 한다는 신학적인 이론에 대해서는 제29장의 마지막 단락을 참조하라.

니다.

그런 의미에서 사랑하는 것은 옳고 선하고 정당한 것입니다. 만일 하나님보다 선한 것이 있다면, 그것이 하나님보다 더 사랑을 받아야 할 것입니다. 그러므로, 하나님은 하나님 자신을 사랑하시는 것이 아니라 선(Good)이신 하나님을 사랑하십니다. 만일 하나님보다 더 선한 것이 있으며 하나님이 그것에 대해 아신다면, 하나님은 자기 자신이 아니라 그것을 사랑하실 것입니다.

이처럼 유한한 나와 자아는 하나님으로부터 온전히 분리되어 있습니다.[2] 하나님께서 개성을 드러내기 위해서 그것들을 필요로 하시는 경우가 아니고는 그것들은 하나님에게 속하지 않습니다.

지금까지 묘사한 것들이 내면에서 실현되지 않은 사람은 경건한 사람, 또는 신화된 사람이라고 할 수 없습니다.

---

2) *icheit*(I; 나) 와 *selbhei*(self; 자아)가 생명이신 "하나님과 분리되었다"라는 것은 "나와 자아가 죽었다", 또는 "소멸"을 의미한다. 여기서 소멸되어야 하는 나(자아)는 자기중심적인 I-dom과 self-dom으로서 낮은 차원의 자기를 가리킨다. 그러니까 "누구든지 나를 따라오려거든 자기를 부인하고"(마 16:24)에서 "부인하는 나(자아)"와 "부인당하는 나(자아)"가 있는데, 이 중에 "부인당하는 가짜 자기"를 말한다.

제31장

사람은 어떻게 신화된 사람 안에서 정결하고 오염되지 않으며, 어떻게 모든 피조물을 사랑하기를 원하고 그들을 위해 최선을 다할 수 있는가?

신화된 사람의 마음 안에 있는 사랑은 때 묻지 않고 순수한 것, 모든 사람과 피조물을 향한 선한 뜻에 의해 생겨난 것입니다. 그러므로 우리는 이 깨끗함 안에서 인류와 모든 피조물을 성실하게 사랑해야 하며, 그들에게 가장 선한 것을 원하고 행해야 합니다.

사람들은 선한 일이나 악한 일, 즐거운 것이나 고통스러운 것이든지 자신이 원하는 일을 신화된 사람에게 행할 것입니다. 만일 어떤 사람이 신화된 사람을 백 번 죽여도 그가 다시 살아난다면, 그는 자기에게 가해진 불의와 악에도 불구하고 여전히 자기를 죽인 사람을 향한 사랑을 품을 것입니다. 그는 가해자가 행복하기를 원할 것이며, 그가 가진 선한 것을 시기하지 않으며, 오히려 그것을 바라고 부탁할 것입니다. 그는 가해자가 받으려만 하면 그에게 가장 좋은 것을 주려 할 것입니다.

그리스도의 삶 속에서 이것이 증명되고 확인됩니다. 주님은 자기를 배반하려는 유다에게 "친구여, 무엇 때문에 왔는가?"(마 26:50)라고 말씀하셨습니다.

주님은 "너는 나를 미워하며 나의 원수이지만, 나는 너를 사랑한다. 나는 너의 친구이다. 너는 네가 행할 수 있는 가장 나쁜 일을 나에게 행하려 한다. 그러나 나는 너에게 가장 좋은 일을 원하고 바랄 것이며, 네가 받아들이려 한다면 그것을 너에게 주고 행하고자 한다"라고 말씀하시는 듯합니다.

하나님께서는 자신의 인성으로부터 이렇게 말씀하시는 듯합니다: "나는 순수하고 순전한 선이다. 그러므로 나는 선한 것 외에 다른 것을 원하거나 바라거나 행할 수 없다. 만일 내가 너의 악과 사악함에 대해 대처해야 한다면, 선으로 대처할 것이다. 왜냐하면 선은 곧 나의 존재요 내가 가지고 있는 유일한 것이기 때문이다."

신화된 사람 안에 계신 하나님은 오로지 사람이 하나님께 행했거나 행하려 하는 모든 악에만 반대하는 보복자로서 행동하기를 원하지 않으십니다.

이것은 "아버지여 저희를 사하여 주옵소서 자기의 하는 것을 알지 못함이니이다"(눅 23:34)[1]라고 하신 그리스도의 말씀에서 분명히 나타납니다.

하나님께도 이러한 특성이 있으므로, 하나님은 누구에게도 강제로 어떤 행동을 하게 하거나 행동하지 못하게 하는 일이 없습니다. 하나님은

---

1) 그리스도를 통한 하나님의 사랑은 인간이 자기 죄로 인해 벌을 받거나 그것에 대한 보상을 요구할 것을 막는다. 독일신학에서 하나님의 "분노"는 인간의 자아가 하나님의 뜻과 충돌함으로써 일어난 것으로 보며, 그리스도의 버림받으심과 죽음은 표면적으로 세상의 형법에 따라 처형된 일이지만, 실은 하나님의 인간 간의 분노 관계를 제거하는 수단이 되었다. 그 분노는 그리스도의 버림받으심과 죽음을 우리 인간이 경험하고, 그것이 하나님의 분노에 토대로 하고 있음을 인식할 때 제거될 수 있다.

각 사람이 선한 것이든지 악한 것이든지 자기 뜻에 따라 행동을 하지 않거나 행동을 하도록 내버려 두십니다.

이것을 그리스도의 삶에서도 발견할 수 있습니다. 그리스도는 악을 행하는 사람들에게 저항하거나 자신을 변호하는 것을 원하지 않으셨습니다. 베드로가 그리스도를 보호하려 했을 때 주님은 "베드로야, 네 검을 집에 꽂아라. 검을 사용하여 무력으로 저항하거나 방어하는 것은 나와 나를 따르는 자들에게 합당하지 않다"라고 말씀하셨습니다(요 18:11).

마찬가지로, 신화된 사람은 아무도 억압하거나 괴롭히지 않습니다. 이것은 어떤 사람을 고통스럽게 하거나 괴롭히려는 의도와 관련하여 행동하거나 하지 않는 것, 말을 하거나 침묵하는 것 등을 원하거나 바라거나 판단하지 않는다는 뜻입니다.

제32장

사람이 가장 좋은 것을 얻으려면 자기 의지를 버려야 하며, 사람들이 자기 의지를 향하도록 선동하는 자는 가장 추악한 것을 향하도록 선동하는 것이다.

어떤 사람은 "하나님은 모든 사람에게 가장 좋은 것을 원하고 행하시므로, 교황이 되기를 원하는 사람, 주교가 되기를 원하는 사람 등 모든 사람의 소원이 성취되도록 도와주시고 행동하셔야 한다"라고 말할 것입니다.

동료가 자기 의지를 깨닫도록 도와주는 사람은 가장 좋지 못한 것에 기여합니다. 사람이 자기-의지를 따르고 그 안에서 성장할수록, 그만 더 하나님과 참되신 선에서 멀어집니다.[1)]

물론, 하나님은 하나님의 가장 좋은 보물, 모든 것 중에서 인간에게 가장 좋은 것을 향하도록 도와주기를 간절히 원하십니다.

그런 일이 발생하려면, 자기 의지가 온전히 제거되어야 합니다. 하나님은 인간이 이것을 향하도록 기꺼이 도와주려 하십니다. 자기의 유익을 추구하는 사람은 결코 그것을 발견하지 못합니다. 왜냐하면 자기 자신이

---

1) "지옥에서 자기-의지(self-will)는 지옥불의 최고 연료이다. 그래서 자기-의지를 버리면 지옥불은 사그라질 것이다"(Würzburg-Bernhar, p. 148).

나 자신의 것을 추구하거나 사랑하지 않는 것이 인간의 최고의 선이기 때문입니다.[2] 하나님은 이렇게 말씀하시고 가르치십니다: "만일 내가 너를 도와 가장 좋은 것을 소유하게 해주기를 원한다면, 너는 나의 가르침과 명령을 따라야 한다. 이 외의 다른 방법으로는 도움을 받지 못할 것이다."

하나님은 인간에게 자기 자신 및 모든 것을 버리고 하나님만 따르라고 가르치시고 권하십니다.

자신의 영혼, 자아를 사랑하며 그것을 지키는 사람, 즉, 본성적인 것들 안에서 자신의 것을 찾는 사람은 자기 영혼을 잃을 것입니다. 그러나 자기 영혼을 걱정하지 않으며 자아(his self)와 소유(his own thing)를 버리는 사람[3]은 영혼을 지키고 구원하여 영생에 들어가게 할 것입니다.[4]

---

2) "…영적이든 자연적이든 만물은 오직 하나님과 그의 신성한 의지에 대해 경배와 찬양을 올린다"(Würzburg-Bernhar, p. 149).

3) "…그리고 자기-의지를 포기하고 오직 하나님의 뜻을 순종한다"(Würzburg-Bernhar, p. 149)

4) "자기 목숨을 얻는 자는 잃을 것이요 나를 위하여 자기 목숨을 잃는 자는 얻으리라"(마 10:39); "누구든지 제 목숨을 구원하고자 하면 잃을 것이요 누구든지 나를 위하여 제 목숨을 잃으면 구원하리라"(눅 9:24). 목숨(*psuchē*; 독. *die Seele*; 영. life)을 영혼(soul)이라고 했다.

제33장

어떻게 신화된 사람 안에는 그의 중심에 뿌리박힌 참 겸손이
있고, 또 심령의 가난이 있는가?

신화된 사람의 특징은 그의 존재 깊은 곳에 있는 겸손입니다. 겸손이 없는 사람은 신화된 사람이 아닙니다. 그리스도께서는 말과 행동과 삶으로 이것을 가르치셨습니다.

겸손은 참 빛 안에서 형성된 내적 인식, 즉 존재, 생명, 지식, 지혜 능력 등의 근원을 피조 세계에 있는 것이 아니라 하나님에게 있다는 인식에서 생겨난다. 피조물은 스스로는 무가치하며, 그가 소유한 것은 모두 스스로에게서 비롯된 것이 아닙니다. 피조물이 의지나 행동으로 참되신 선에서 돌아서면, 그에게 남는 것은 악뿐입니다.

그러므로 피조물은 본질적으로 무가치하며, 그 무엇에 대해서도 권리를 주장할 수 없고, 하나님이나 동료 인간이나 그에게 전혀 빚진 것이 없다는 것은 부인할 수 없는 진리입니다. 피조물은 마땅히 하나님께 순종해야 합니다. 이것이 인간의 삶에서 가장 고귀하고 가장 중요한 문제입니다.[1]

하나님께 온전히 순종 되고 하나님의 손에 맡겨진 것은 (외적 활동뿐만

---

1) 여기에 모든 윤리가 시작된다.

아니라 내적인 사랑에 의해서) 모든 피조물과 동료 인간에게도 순종되어야 합니다. 그렇지 못한 것은 거짓 순종입니다.

이러한 사실 및 우리가 하나님께 충성해야 한다는 사실에서 참 겸손이 비롯됩니다. 만일 그러한 진리와 가장 고귀하고 선한 하나님의 의가 없었다면, 그리스도께서 자신의 삶에서 그것을 말로 가르치시고 성취하지 않으셨을 것입니다.

여기에서 참 경배가 시작됩니다. 진실로, 이것이 하나님께서 우리와 함께하시는 방법입니다. 우리는 거룩한 진리와 의의 능력에 의해서 하나님 및 모든 피조물에 순종해야 하며, 어떤 존재나 사물도 우리에게 순종할 필요가 없습니다.

하나님과 모든 피조물은 하나님 안에 거하신 사람을 지배할 권리가 있지만, 그 사람은 그들에 대해 권리를 갖지 못합니다. 나는 만물에 빚을 지고 있지만, 나에게 빚진 사람은 하나도 없습니다. 신화된 사람은 이 사실을 받아들이므로, 사람들이 가하는 모든 일을 감당하며, 또 동기가 주어지면 사람들을 위해 모든 일을 행하라는 부름을 받습니다.

여기에서부터 그리스도께서 말씀하신 영적 가난이 자라납니다: "심령이 가난한 자는 복이 있나니 천국이 저희 것임이요"(마 5:3). 그리스도는 이것을 말로 가르치시고 자신의 삶에서 이행하셨습니다.

제34장

어떻게 죄만이 하나님을 대적하며, 그리고 죄란 무엇인가?

다음의 사실을 아는 것이 중요합니다. 흔히 사람들은 하나님을 대적하고 노하게 만드는 것이 있다고 말합니다.

그러나 하나님은 어떤 피조물도 싫어하지 않으시며, 피조물이 생활하거나 행동하거나 아는 방식 때문에 노하지 않으십니다. 우리가 무례라고 여기는 것은 하나님을 노하게 하지 않습니다.

마귀나 인간이 존재하며 생존한다는 사실, 그것은 선한 것이며 하나님에게 속한 것입니다.

왜냐하면 하나님이 원래 본질적으로 이 모든 것을 계획하셨기 때문입니다.

하나님은 모든 존재들의 존재요, 모든 살아 있는 것들의 생명이요, 모든 지혜로운 것들의 지혜이십니다.

만물의 존재 근원은 자신과 자신의 능력과 생명과 재능 안에 있는 것이 아니라 하나님 안에 있습니다.[1]

---

[1] 이 문장에서, 어떤 신비주의에서 "보이는 존재(Being)"를 물질과 피조물로서 "나쁜 것", 또는 "하나님을 거스르는 것(anti-God)"으로 보며 "보이지 않는 영적인 것"을 "선한 것", 또는 "신성한 것(God of)"이라는 데 정면으로 반대

그렇지 않다면, 하나님은 모든 것을 포용하는 선일 수 없습니다. 이런 까닭에, 우리는 만물이 선하다고 말할 수 있습니다. 하나님은 선한 것을 기뻐하시며, 그것을 소유하기를 원하십니다. 선한 것은 하나님을 거스르지 않습니다.

그렇다면, 무엇이 하나님을 거스르며 아프게 합니까? 죄입니다. 죄란 피조물이 하나님과는 다른 것을 원하며 하나님께 도전하는 것입니다. 모든 사람이 자기의 내면에서 이것을 볼 수 있습니다. 나와 다른 것을 원하고 나를 대적하는 사람은 나의 원수입니다. 내가 원하는 것과 같은 길을 원하는 사람은 나의 친구요, 나를 기쁘게 합니다. 하나님과 우리의 관계도 이와 비슷합니다. 하나님과 다른 것을 원하는 것이 우리의 죄이며, 그것은 하나님을 아프고 슬프게 합니다.

내가 원하는 것과 다른 것을 원하거나, 나와 반대되는 말이나 행동을 하는 사람은 항상 나를 대적하는데, 그것은 감당하기 어려운 일입니다.

하나님과의 관계에서도 마찬가지입니다. 무슨 일을 하든지 하나님께 대항하여 자기의 뜻을 내세우는 사람은 하나님을 거역하며 죄를 범합니다. 하나님을 거역하는 것을 원하는 의지는 하나님의 의지를 대적하는 의지입니다.

그리스도는 "나와 함께 하지 않는 자는 나를 대적하는 자라"(마 12:30)고 말씀하셨습니다.

이 말씀의 뜻은 "만일 네가 나와 함께 있기를 원하지 않는다면, 만일 너

하고 있다.

의 뜻을 나의 뜻과 연합하지 않았다면, 너의 뜻은 나를 대적하는 것이다"라는 뜻입니다.

이것에 의해서 모든 사람은 자신에게 죄가 없는지, 자신이 죄를 범했는지 아닌지를 분명히 알 수 있습니다. 그는 무엇이 죄인지, 어떻게 해야 죄를 대속할 수 있는지, 어떻게 해야 죄를 바로잡을 수 있는지 알 수 있습니다.

이렇게 하나님을 대적하는 것이 불순종입니다.

아담, 나, 자아, 자기 의지, 죄, 옛사람, 하나님을 버리고 떠남 등은 모두 같은 것입니다.

제35장

하나님 안에는 근심, 고난, 미움 등이 없으면서, 어떻게 신화된 사람들에게는 그것들이 존재하는가?

신이신 하나님 안에는 고통이나 슬픔이나 미움이 들어오지 못합니다. 그러나 하나님은 인간의 죄 때문에 슬퍼하십니다.

피조물이 없이 하나님 안에 슬픔이 존재할 수 없으므로, 하나님이 슬퍼하시는 일은 하나님이 인간이나 신화된 사람 안에 계실 때 발생합니다.

죄는 하나님께 큰 고통이며 하나님을 매우 슬프게 해서, 하나님은 자신이 괴로움을 당하고 육체적으로 죽음으로써 사람의 죄를 깨끗이 씻어버리려 하십니다.

만일 하나님께서 살고 죄가 머물러 있기를 위하시는지, 아니면 죄를 멸하기 위해서 하나님이 죽기를 원하시는지 묻는다면, 하나님은 죽음을 택하실 것입니다.

왜냐하면 하나님은 인간의 죄로 인해 많은 고통을 느끼시는데, 그것은 하나님 자신의 괴로움과 죽음보다 더 큰 슬픔을 주기 때문입니다.[1]

---

1) 여기서 "죄를 심판하시는 하나님"이라는 것이 아니라, 만물과 모든 인간 상황에 율법을 기초로 하여 "공의를 하수같이 흐르게 한다"(암 5:24)라는 것을 볼 수 있다. 이러한 점에서 인간의 죄 사함이란 하나님의 인격적 간섭이다.

만일 한 사람의 죄가 하나님을 아프게 한다면, 모든 사람의 죄는 하나님을 얼마나 아프게 하겠습니까? 우리는 사람의 죄가 하나님을 얼마나 아프게 하는지 알 수 있습니다.

내면에 하나님을 소유한 신화된 사람은 오로지 죄 때문에 슬퍼합니다. 다른 것은 그에게 고통을 주지 못합니다.

하나님에게는 죄가 없으실 것이며, 죄가 없는 것을 소유하실 것입니다.

그러나 신화된 사람은 죽어 육신을 떠날 때까지 죄로 인해 슬퍼해야 합니다.

여기에서부터, 그리스도 외에 다른 사람을 알지 못하는 그리스도의 감추어진 슬픔이 비롯되었습니다. 그러므로 우리는 그것을 감추인 슬픔이라고 합니다.

인간의 죄악된 상태로 인한 감추인 슬픔은 하나님께서 선택하신 것이요, 인간에게서 보기를 원하시는 하나님의 속성 중 하나입니다. 죄로 인한 슬픔은 궁극적으로 인간의 것이 아닙니다. 인간에게는 그러한 능력이 없습니다. 하나님께서 우리 안에 죄로 인한 슬픔을 일으킬 때, 그것은 매우 즐겁고 적절한 일인 동시에 우리가 감당하기에 가장 쓰라리고 무거운 일이 됩니다.

지금까지 하나님의 속성 중 하나인 동시에 하나님께서 인간에게서 보고자 하시는 것, 즉 죄로 인한 슬픔에 관해 이야기했습니다. 인간을 죄로 인해 슬퍼해야 합니다. 참 빛은 죄로 인한 슬픔에 대해서 우리를 가르치십니다. 그리고 죄로 인해 슬퍼하는 사람은 자신을 위해 그러한 거룩한 감정을 요구해야 한다고 가르치십니다.

그렇게 할 때 그는 자신이 죄에 대한 깨달음을 만들어낼 수 없으며, 소유하지도 못한다는 것을 내면적으로 깨닫게 됩니다.

제36장

왜 사람은 보상을 위해서가 아닌 사랑을 위해서 그리스도의 삶을 덧입어야 하며, 그것을 벗어버리거나 무시해서는 안 되는가?

신화된 사람이 사는 곳에는 가장 선하고 고귀한 삶, 하나님이 보시기에 가장 귀중한 삶이 있습니다.

이러한 삶에 대한 사랑의 근원은 선 자체에 대한 사랑입니다. 그것은 선 때문에 만물 안에서 가장 선하고 고귀한 것을 분별하는 눈을 소유합니다. 그것은 아주 깊이 존재하기 때문에 거부하거나 버릴 수 없습니다.

죄로 인한 거룩한 슬픔을 품은 사람은 이 세상에 사는 동안에는 그 슬픔에서 벗어날 수 없습니다.

비록 많은 불행을 당하고 수천 번 죽는다고 해도, 그는 이 고귀한 생활을 포기하기보다는 고난을 당하는 편을 택할 것입니다. 그는 자기의 생명을 천사의 생명과 바꿀 기회가 주어져도, 그것을 받으려 하지 않을 것입니다.

지금까지 다음과 같은 질문에 대해 답변해왔습니다: "인간이 그리스도의 삶 덕분에 소유하는 것 외에 다른 것을 획득할 수 없는데 그것이 실질적으로 소용이 없는 것처럼 보인다면, 그것은 어떤 의미를 갖습니까?"

우리는 그리스도 안에 있는 삶으로부터 유익을 얻어내거나 그것에 의해서 무엇을 획득할 수 있으므로 그 삶을 선택하는 것이 아니라, 그 고귀함을 사랑하기 때문에, 그리고 하나님께서 그것을 소중하고 귀하게 여기시기 때문에 선택합니다.

그 삶을 충분히 소유했다거나 그 삶을 포기하고 싶다고 말하는 사람은 그 삶을 맛보지 못했거나 알지 못하는 사람입니다. 참으로 그것을 느끼거나 맛본 사람은 결코 그것을 포기할 수 없습니다.

그러므로 어떤 유익이나 영광을 얻기 위해서 그리스도 안에서 생활하는 사람은, 사랑하는 마음이 아니라 보상을 받으려는 마음으로 주인을 섬기는 고용인의 태도로 이 삶을 받아들입니다. 그는 그리스도의 생명을 전혀 소유하지 않습니다. 사랑에서 우러나 그 삶에 헌신하지 않는 사람은 그 삶에 참여하지 못합니다. 그는 자신이 그 삶을 소유하고 있다고 생각할 수도 있지만, 그것은 잘못된 생각입니다.

그리스도는 보상을 기대하지 않고 사랑에서 우러난 생활을 하셨습니다. 사랑은 삶을 무겁게 하지 않고 가볍게 하므로 자발적으로 즐겁게 참고 살 수 있습니다.[1)]

그러나 사랑에서 우러난 것이 아니라 상을 받으려는 생각을 가지고 사는 사람에게는 영생이 매우 무거워지므로 빨리 그것에서 벗어나기를 원합니다. 일이 빨리 끝나기를 바라는 것은 고용인의 표식입니다. 그러나 진정으로 그리스도 안에 있는 삶을 사랑하는 사람은 삶의 여정이나 고난에 구애되지 않습니다.

그러므로 "하나님을 섬기고 하나님을 위해 사는 사람은 그 일을 쉽게

---

1) "이는 내 멍에는 쉽고 내 짐은 가벼움이라 하시니라"(마 11:30).

행합니다." 사랑으로 행하는 사람들에게는 이 말이 적용됩니다. 그러나 상을 기대하면서 사는 사람에게는 그 삶은 힘든 삶입니다.

  사랑의 삶에는 모든 덕과 선행, 질서, 성실함 등이 따릅니다.

제37장

하나님은 얼마나 질서, 규범, 예의 등을 원하시는가? 왜냐하면 피조물이 없이는 그런 것들이 존재하지 않기 때문이다. 질서, 규범, 선한 관습 등을 실천하는 네 종류의 사람들

하나님은 규칙, 표준, 질서 등을 초월하시며 그것들이 없이 존재하시지만, 만물에 규칙, 질서, 표준, 올바른 판단(rectitude) 등을 주신다고 말합니다.[1)

이 말은 다음과 같이 이해해야 합니다.

하나님은 이 질서 있는 삶을 원하시지만, 피조물이 없으면 그것을 소유하실 수 없습니다.

왜냐하면 피조물과의 관계가 없으면, 질서와 무질서, 삶을 위한 규칙들과 그것들의 부족 등을 구분할 수 없기 때문입니다.[2)] 그러나 하나님은

---

1) 독일어 *redlicheit*를 "올바른 판단(rectitude)"이라고 했는데, 이 단어는 본디 "성실함(sincerity)", "정직함(integrity)"을 의미한다. 한편 다른 곳에서 *redlicheit*를 사용할 때는 바른 삶으로 얻어지는 "성실"이라는 덕을 말한다.

2) 앞의 제29장에서 독일신학에서 "신성으로서 하나님(God as Godhead)"과 "하나님으로 하나님(God as God)"을 구분하는 것을 읽었다. 여기서는 "그리스도를 따르는 자들의 도덕적인 삶"과 "하나님을 하나님으로 구현하는 삶" 간의 차이를 말하고 있다.

삶에 이러한 구조들이 반드시 존재하도록 정하셨습니다.

우리는 말과 행동과 태도에 있어서, 항상 한편으로는 규칙과 바른 판단, 다른 편으로는 무질서 중 하나를 선택해야 합니다. 질서와 바른 판단이 무질서보다 더 고귀하고 좋습니다.

질서, 명령, 규칙 등을 다루는데 있어서 네 종류의 사람이 있습니다.

첫째, 어떤 사람들은 하나님을 위해서도 아니고 특별한 개인적인 욕구 때문이 아니라, 마지못해서 강요 때문에 규모 있는 생활을 합니다. 그들은 되도록 적게 행하며, 그 삶은 그들에게 짐이 됩니다.

둘째, 상을 받기 위해서 법과 규칙을 준수하는 사람들이 있습니다. 즉 이러한 관점을 넘어서는 것은 전혀 알지 못하며, 이렇게 살아야 천국과 영생을 얻을 수 있다고 생각하는 사람들이 있습니다. 그들은 아주 많은 법을 지키는 사람은 거룩하고, 작은 규칙이라고 소홀히 하고 행하지 않는 사람은 마귀에게 버림받은 사람이라고 간주합니다. 그들은 매우 진지하고 부지런히 살지만, 결국 그 삶을 힘든 것으로 여기게 됩니다.

셋째, 스스로 온전하고 바르게 말한다고 생각하는 악하고 거짓된 사람들이 있습니다. 그들은 자신에게는 규칙과 법이 필요하지 않다고 생각하며, 질서에 대한 말을 멸시합니다.

넷째, 참 빛의 조명과 인도를 받는 사람들이 있습니다. 그들은 상을 바라고 질서 있는 삶을 사는 것이 아닙니다. 그들은 그 삶의 도움으로 무엇을 획득하기를 원하지 않으며, 또 그 삶 때문에 유익이 생기기를 바라지도 않습니다. 그들은 사랑에서 우러나서 규모 있게 살면서 자신이 해야 할 일을 행합니다.

그들은 어떤 행동이 어떤 결과를 나타내며, 그것이 얼마나 빨리 나타날 것인지 등에 대해서 지나치게 관심을 기울이지 않습니다. 그보다는 모든 일이 평안하고 내적으로 쉽게 이루어지는 데 관심을 기울입니다. 혹시 규모 있는 계획안에서 그리 중요하지 않은 일이 소홀히 다루어져도, 그들은 낙심하지 않습니다.

물론 그들은 질서와 바른 판단이 없는 것보다는 있는 편이 낫다는 것을 압니다. 그러므로, 그들은 구원과 영원한 축복이 규칙 준수에 달렸지 않다는 것을 알면서도 규칙을 지키려 합니다. 따라서 그들은 다른 사람들처럼 조급해하지 않습니다.

두 번째 집단과 세 번째 집단 사람들은 이 사람들을 비난하고 판단합니다.

예를 들어, 고용인이나 상을 바라는 사람들은 그들이 너무 부주의하다고 말하며, 때로는 불의(不義)하다고 비난합니다.

"자유 영"[3]이라는 집단은 "그들이 상스럽고 어리석은 것들을 믿는다"라고 조롱했습니다.

그러나 참 빛의 조명을 받는 사람들은 가장 좋은 길인 중도를 지킵니다.[4]

---

3) 13세기에 일어난 "자유 영의 형제자매단"을 말한다. 이 운동은 신플라톤 사상과 왈도파와 프란시스의 청빈 사상에 뿌리를 두고 있지만, 반교회(anti-church) 성향이 짙었다.다. 이 단체가 추구한 심령주의(spiritualism)에 대해 루터는 강력하게 반대했다.

4) 참 빛의 조명을 받는 사람은 "자유 영"의 사람들이 취하는 율법에 얽매이지 않고 무위(無爲; indifference)의 삶의 태도와 보상을 바라고 사는 도덕적인 삶의 태도 사이에서 중도를 취한다.

하나님은 수십만 명의 고용인보다 하나님을 사랑하는 한 사람을 더 기뻐하십니다.

속사람은 하나님과 연합되는 방법을 묘사하는 하나님의 법과 말씀과 가르침을 받아들입니다. 그때 겉사람은 속사람에 의해서 형성되고 가르침을 받으며, 표면적인 법이나 가르침이 필요하지 않다는 것을 깨닫습니다.

인간의 법과 명령은 겉사람에게 속한 것입니다. 다른 것을 알지 못할 때 우리에게 그것들이 필요합니다. 만일 그것들이 없으면, 사람들은 무엇을 행하고 무엇을 행하지 말아야 할지 알지 못하여 개나 짐승처럼 될 것입니다.

제38장

거짓 빛과 그 특성을 구분하는 분명한 차이점

거짓 빛은 무엇이며, 어떻게 활동하는지에 대해 구체적으로 살펴봅니다.

참빛에 반대되는 것은 모두 거짓 빛에 속합니다.

속임수를 알지 못하며 속이려는 의지의 자극을 받지 않는 것, 그리고 속임을 당할 수 없다는 것이 참 빛의 중요한 특성입니다.

그러나 거짓 빛은 속임을 당하며, 끊임없이 사람들을 속이려 합니다.

하나님은 속이기를 원하지 않으시며, 어떤 사람이 속임을 당하는 것도 원하지 않습니다. 이것은 참 빛에도 적용됩니다.

참 빛은 거룩한 것이요 하나님이며, 거짓 빛은 본성적인 것 또는 본성입니다.

하나님은 신화된 사람에게서 여러 가지 특별한 것을 원하거나 찾으려 하거나 바라시지 않습니다. 하나님이 원하시고 찾으시는 것은 오직 하나, 선(Goodness)으로서의 선(goodness)뿐입니다.

참 빛에 대해서도 같은 말을 해야 합니다.

피조물의 특징은 구체적인 특성 안에 존재한다는 것입니다. 또 피조물은 사랑하거나 일을 하거나 항상 특별한 이익을 목표로 합니다. 본성적인 피조물은 선(Good)으로서의 선을 염두에 두지 않습니다. 그는 선을 반드시 획득해야 하는 특별한 것으로 생각합니다.

하나님은 참 빛이시요, 자기(I)와 자아(self)[1], 방종 등과는 상관이 없는 분이신 것처럼, 본성적인 피조물과 본성적인 거짓 빛은 자기와 거기서 자라난 것들에게 영합합니다. 본성적인 거짓 빛을 가진 본성의 특징은 만물 안에서 선으로서의 선을 찾기보다 그 자신과 자신의 것을 찾으려 하는 충동입니다. 그것이 자연 질서 및 각 피조물의 특징입니다.

처음부터 인간의 본성이 얼마나 미혹되어 있는지 살펴보아라. 인간의 본성은 선으로서의 선을 소유하거라 택하지 않으며, 자기 자신 및 자기와 관련된 것들을 가장 선한 것으로 여겨 원하고 선택할 것입니다. 그러나 이것은 거짓된 것이며, 기본적이고 우선적인 속임입니다.

인간은 자신을 실제와는 다른 존재로 생각하는 망상을 품는다. 그는 피조물에 불과하지만, 자신을 하나님이라고 생각합니다. 그러한 망상 때문에, 그는 하나님의 특성들을 자기의 특성이라고 주장합니다. 하나님이

---

[1] 여기서 다시 *icheit*(I-dom)과 *selbheit*(self-dom)을 구분해서 설명하고 있음을 상기시킨다. 신성한 사람이 "(참) 나"와 "(참) 자아"를 버릴 때 낮은 차원의 자아가 된다. 이 말을 뒤집으면 "은총으로 구원에 이를 때 낮은 차원의 '나'와 '자아'는 부인되지만, 높은 차원에서는 참 나와 참 자아는 소멸하지 않고 오히려 더 강화된다"라고 할 수 있다.

신비신학에서 많은 비판을 받는 부분은 몰아적 상황이다. 몰아적 상황이란 "나"와 "자아"가 없어지고 "오직 하나님만 계신다"라는 신비체험에 대한 설명이다.

그러나 독일신학에서는 낮은 차원에서의 "나"와 "자아"가 부인되고 소멸하는 만큼 그것에 비례해서 하나님의 은총으로 인해서 높은 차원에서는 '(참) 나'와 '(참) 자아'가 더욱 강화된다"라고 한다.

인간이 되시거나 신화된 사람 안에 거하시는 한, 그는 하나님에게만 속하는 것에 대한 권리를 주장하지 않습니다. 그는 하나님의 가장 오묘한 것, 하나님의 주된 표식, 즉 피조되지 않은 영원한 존재를 자기 것이라고 주장합니다.

우리는 신이신 하나님에게는 부족하거나 필요한 것이 없고, 자유하시며, 모든 것을 초월하신다고 말합니다. 물론 이것은 진실입니다. 또 하나님은 불변하시며 무엇에도 동요하지 않으며 인간의 지식을 초월하시며 행하시는 모든 것이 선하다는 말도 있습니다.

거짓 빛은 "나는 그러한 존재가 되기를 원한다. 사람은 하나님을 닮을수록 더 선해진다. 그렇다. 나는 하나님이 되고, 하나님 곁에 앉고, 하나님처럼 되기를 원한다"라고 말합니다. 루시퍼가 이렇게 행했습니다(사 14:13-14).

영원하신 하나님에게는 고통과 고난과 슬픔이 없습니다. 하나님은 존재하거나 발생하는 것 때문에 짐을 지시지 않으며, 고통과 슬픔을 느끼시지도 않습니다.

그러나 하나님이 인간의 모습을 취하시며, 신화된 사람 안에 임재하실 때는 경우가 다릅니다.

간단히 말해서, 거짓 빛만이 거짓의 베일을 씌웁니다.

거짓 빛만이 나쁜 길로 이끌린 사람들을 미혹할 수 있습니다. 그리고 피조물, 본성적인 세계, 그리고 하나님이 아니고 거룩하지 않은 것은 모두 거짓 빛에 미혹됩니다. 그러므로 이 빛 자체가 본성이요 미혹된 것이라고 말할 수 있습니다.

실로, 거짓 빛은 스스로를 속입니다.

"이 빛이 속일 수 있는 모든 것을 속인다는 사실은 어디에서 기인합니까?"라고 물을 수 있습니다.

그것은 그 빛의 영리한 추론에서 비롯됩니다. 이 빛 안에는 인간이 본성을 초월하여 피조물이나 본성이 이르지 못할 경지에 이른 것처럼 보이는 지혜롭고 미묘하고 솜씨가 좋다는 느낌이 있습니다. 그러므로 본성적인 빛은 스스로 하나님이라고 생각하기 시작합니다. 그것은 인간으로서의 하나님이 아니라 영원하신 하나님의 표식인 것들을 모두 자기 것이라고 주장합니다. 본성적인 빛 또는 거짓 본은 자신이 모든 말과 행위와 규칙과 질서를 초월한다고, 즉 그리스도께서 자신의 인성 안에서 영위하신 육체적인 삶을 초월한다고 주장합니다.

본성적인 거짓 빛은 자신이 악한 것이든지 선한 것이든지, 하나님을 대적하는 것이든지 아니든지 상관없이 모든 피조물의 삶의 영향을 받지 않는다고 주장합니다. 그것은 영원하신 하나님처럼 이 세상에 있는 것을 의지하지 않으며, 자신이 인간과 구별하여 영원하신 하나님을 나타내주는 모든 표식이 있다고 믿습니다. 그리고 자신이 이러한 표식을 소유할 자격이 있으며, 모든 피조물은 당연히 자신에게 순종하고 자신을 섬겨야 한다고 주장합니다.

그러므로, 육체의 죽음과 그에 동반되는 고난에 이르기 전까지는 육체적이고 감각적인 경험 외에는 무엇과 관련해서도 고통이나 고난이나 슬픔을 경험하지 않습니다.

거짓 빛에 미혹 당한 사람은 자신이 그리스도의 육체적인 삶을 초월했으며 인간은 부활 후의 그리스도처럼 고난으로부터 자유해야 한다고 생각합니다. 그 밖에도 이 추론에서 제기되는 많은 거짓을 열거할 수 있습니다.

이 거짓 빛은 본성이므로, 그 특징은 본성적입니다. 다시 말해서, 그것은 만물 안에서 자기 자신과 자신의 것, 그리고 본성과 그 자체에서 가장 방종하고 즐거운 것을 사랑하고 추구합니다.

그것은 미혹되어 있으므로 가장 즐겁고 편안한 것처럼 보이는 것이 가장 선한 것으로 생각하고 그렇게 선언합니다. 그리고 각 사람은 자기에게 가장 좋은 것을 추구하고, 행하고, 원하며, 자신의 유익, 즉 그의 망상을 충족시켜 주는 것에만 관심을 가져야 한다고 주장합니다.

만일 거짓 빛에 속한 사람에게 유일한 참 선에 대해 알려 주어도, 그는 그것에 대해 전혀 알지 못하며, 그것을 조롱합니다. 왜냐하면, 본성 자체는 그것을 발견할 수 없기 때문입니다. 거짓 빛은 본성에 불과하므로, 그 진리를 획득하지 못합니다.

거짓 빛은 양심과 그 활동을 초월했다고 선언하며, 따라서 거짓 빛의 감화를 받아 행해지는 모든 것은 옳은 것이라고 주장합니다.

이러한 오류에 빠진 거짓된 영은 자기에게는 열 사람을 죽이는 것이 개 한 마리를 죽이는 것과 같다고 말했다고 합니다.

간단히 말해서, 미혹하고 미혹되는 빛은 자연인을 공격하며 짐이 되는 것을 모두 피합니다.

게다가 거짓 빛은 철저히 미혹되어 자신을 하나님이라고 생각하므로, 자신이 가장 선한 것을 안다고, 참된 판단과 순수한 갈망에 관한 한 가장 선한 것에 도달했다고 거룩한 것의 이름으로 맹세하려 합니다.

그러므로, 거짓 빛은 결코 회심하거나 옳은 길로 인도될 수 없습니다. 마귀에 대해서도 같은 말을 할 수 있습니다.

이 빛이 스스로 하나님이라고 생각하며 자신을 위해 신성을 요구한다면, 그것은 루시퍼, 마귀입니다.

거짓 빛은 그리스도의 생명과 참 선에 속한 것들, 그리고 그리스도께서 가르치시고 실천하신 것을 거부하는 데 비례하여 적그리스도가 됩니다. 왜냐하면 그것은 그리스도를 반대하는 것을 가르치고 반대되는 삶을 살기 때문입니다.

이 빛은 자체의 영리한 추론에 미혹되므로, 하나님을 향하지 않는 모든 것, 즉 참 빛과 그 사랑의 비춤을 받지 못한 모든 사람을 속입니다.

참 빛의 조명을 받은 사람은 절대 미혹되지 않을 것입니다.

내면에 참 빛을 소유한 사람들은 자신에게 도취하여[2] 자기 자신이 가장 선하다고 여기지 않으며, 개인적으로 자신에게 선하고 편안하게 보이는 것을 중시하지 않습니다.

그들은 이것을 가장 훌륭한 것이며 도움이 되는 것이라고 주장하고 제공하며 그러한 목표를 달성해야 한다고 가르치는 사람을 가장 훌륭한 교사로 여겨 따릅니다.

이것이 거짓 빛이 가르치는 것입니다. 그러므로 그것을 따르는 사람들은 참 빛을 알지 못하기 **때문에** 온전히 미혹됩니다.

적그리스도가 올 때 하나님의 표를 가지고 있지 않은 사람은 적그리스도를 따르지만, 그 표를 가진 사람은 그를 따르지 않는다고 예고되었는데, 여기에도 그와 상응하는 현상이 존재합니다.

우리에게 가장 선한 것이 하나님의 최고의 선인 것과 조화를 이루는 것이 가장 좋은 일입니다. 그러나 우리가 자신의 선이라고 생각하는 것에 초점을 두고 그것을 사랑하는 한, 그것은 불가능합니다.

---

2) 루터는 "자신에 도취"를 "*auff sich selber gekert*"라고 표현했다. 영적 나르시즘을 의미한다.

우리가 자신의 가장 참된 선을 발견하고 획득해야 한다면, 그것을 발견하기 위해서는 우리 자신의 선을 잃어버려야 합니다.[3]

만일 사람이 참된 선을 발견하기 위해서 자신의 선이나 최선의 것을 포기하고 잃어버리려고 노력한다면, 그 둘을 혼동하기 쉽습니다. 그렇게 행하면서 하나님께 도달하는 사람은 거의 없습니다.

거짓 빛은 사람에게는 죄에 대한 지식이 없어야 한다고 주장하며, 또 죄를 고찰하는 것은 어리석은 일이라고 주장합니다.[4] 그것은 죄를 알지 못하셨던 그리스도를 언급함으로써 이것을 증명하려 합니다.[5]

이에 대해서 "마귀도 죄를 알지 못했지만, 결코 그 때문에 더 선한 것이 아니다"라고 반박할 수 있습니다.

죄에 대한 지식이란 무엇입니까? 그것은 내적으로 인간이 자기의 뜻 안에서 하나님에게서 벗어났으며 앞으로도 벗어날 것―이것을 죄라고 부

---

3) "자기의 생명을 사랑하는 자는 잃어버릴 것이요 이 세상에서 자기의 생명을 미워하는 자는 영생하도록 보전하리라"(요 12:25). 이 책에서 성경 본문에서 말하는바 "생명"을 "영혼"으로 번역해서 "영혼을 사랑하는 자는 영혼을 잃는다"라고 한다. 그러니까 자기를 부인하고 피조 만물 안에 서린 선(goodness), 도움(aid), 위안(comfort), 기쁨(joy)으로 나아갈 때, 하나님(the Good, the Aid, the Comfort, the Joy)을 알게 된다.

4) "양심(conscience)"이라는 뜻을 초월하는 단어로 *gewissen*을 사용한다. 그러므로 때때로 *gewissen*을 "죄에 대한 지식(knowledge of sin)", "죄인식(awareness of sin)" 또는 "죄의식(sin-consciousness)"을 말한다.

5) 다시 말하지만, 독일어 *gewissen*은 "양심(conscience)"이다. "그리스도에게 양심이 부족하다"라고 하면 잘못된 말이다.

른다—을 아는 것입니다. 그에 대한 책임은 하나님이 아니라 인간에게 있습니다. 하나님을 죄를 알지 못하십니다.

그리스도 외에는 죄가 없다고 주장할 수 있는 사람이 없습니다. 죄에 대한 지식이 없는 사람은 그리스도이거나 마귀입니다.

간단히 말해서, 참 빛이 있는 곳에는 참으로 의로운 삶, 하나님을 기쁘게 하는 소중한 삶이 있습니다.

그것은 그리스도의 온전한 삶은 아니지만, 그 삶에 따라 형성되고 바르게 됩니다. 그리스도의 삶은 사랑을 받으며, 거기에서 정직, 질서 등의 덕이 흘러나옵니다.

이 삶 안에서는 자기에 대한 관심사들과 그에 속한 모든 것은 힘을 잃습니다. 그곳에서는 선 자체를 위한 선만이 사랑과 갈망의 대상이 됩니다.

그러나 거짓 빛이 있는 곳에는 그리스도의 생명과 덕에 관한 관심이 거의 없습니다. 거짓된 삶에서는 본성적인 충동을 충족시켜 주는 것만 추구되고 소중히 여겨집니다.[6]

---

6) "본성적인 충동"에서 "본성"(*die natur*, 또는 문맥에 따라서 "자연"이라고 해석됨)을 감각적인 육신을 가리키는 것으로만 보아서는 안 된다. 여기서 본성이란 전인적인 몸(body, *soma*)에 포함된 육신(flex; *sarx*)을 말한다.

신비신학에서 "본성(또는 자연)"이라고 할 때, 플라톤 사상을 기초로 해서, 물질세계에서 벗어남으로써 정신세계(idea), 즉 자연(본성)으로 회귀한다고 말한다.

이에 반하여 성육화 신학(Incarnation theology)에서 말하는 육화(incarnation)는 이 신비신학에서 말하는 자연과 극을 이룬다. 따라서 루터는 여기에서부터 일상생활에 부주의하고 무모한 삶을 초래하는 거짓된 자유가 생겨납니다.

참 빛은 하나님의 씨앗으로서 하나님의 열매를 맺습니다.

거짓 빛은 마귀의 씨앗으로서 그것이 뿌려졌을 때 마귀의 열매, 곧 마귀 자신이 자라 나옵니다.

이것이 위의 단어와 특별한 점을 읽을 때 주의하고 이해해야 합니다.

신비신학에서 말하는바 "자연(또는 본성)"이라는 단어를 극히 제한적으로 사용한다.

제39장

어떤 의미에서 신령한 빛의 비추임을 받고 영원하고 거룩한 사랑에 타오르는 사람을 신화된 사람이라고 부르는가? 왜 사랑이 없는 빛과 지식은 쓸모가 없는가?

"신화된 사람, 또는 성화된 사람이란 어떤 사람입니까?"[1]라고 묻는다면, 나는 "영원하신 하나님의 빛을 전하고 발산하며 하나님의 사랑으로 타오르는 사람이 성화된 자요 신화된 자라"고 대답하겠다.

---

1) 여기서 "신화"와 "성화"를 구분해서 설명하고 있다. 신화된(divinized) 사람과 성화된(sanctified) 사람을 다르게 취급하지만, 의미상으로는 거의 차이가 없다.

동방교회에서는 "성화"라는 단어는 거의 사용하지 않고 "신화"(deification)라는 단어를 사용한다. 이 전통에서 말하는 신화란 "신성한 성품에 참여하는 자"(벧후 1:4)를 일컫는다. 다시 말해서 하나님의 은혜로 말미암아 "하나님의 성품을 온몸(body, soma)에 구현한 자"를 말한다. "하나님의 성품"이란 빛(the Light), 거룩(the Holy), 사랑(the Love), 아름다움(the Beauty) 등을 말한다. 이러한 하나님의 성품이 온몸에 구현된 사람, 진정으로 "하나님을 아는 지식"을 얻은 자를 신학자(theologian)라고 부르며, 이 사람의 성품과 기질이 변화하여 밝고 거룩하고 사랑하고 아름다움으로 변화한다.

이러한 사람을 개신교회 전통에서 성화된 사람이라고 부른다. 그러므로 궁극적으로는 하나님의 성품에 참여함으로써 신화를 이루고 성화를 이룬 사람이 된다는 점에서 신화와 성화는 차이가 없다고 보아도 상관이 없다.

그 빛이 무엇인가에 대해서는 이미 앞에서 다루었습니다. 그러나 그 빛-또는 그 빛에 대한 내적 의식-은 사랑이 없으면 아무것도 아니고 아무 소용도 없다는 점을 분명히 하고 싶습니다. 이 진리는 다음과 같은 말을 통해서 더 확실해집니다. 사람이 덕과 악의 차이에 대한 훌륭한 지식을 가지고 있어도 그 덕을 사랑하지 않는다면, 그는 진정한 의미에서 도덕적인 사람이라고 할 수 없습니다. 그는 부도덕한 사람이요 덕을 무시하는 사람입니다.

그러나 덕을 사랑하는 사람은 덕에 순종하며, 부도덕한[2] 것을 원수로 여기게 합니다. 그는 부도덕한 일에 빠질 수 없습니다. 그는 모든 인류 안에 있는 부도덕을 미워합니다. 덕에 대한 사랑은 그로 하여금 가능하다면 어디에서든지 도덕적인 일을 행하도록 자극합니다. 그는 보상에 관한 관심, 또는 개인적인 목적의 이유와는 상관없이 그 일을 행합니다. 그는 그저 덕이 자기의 사랑의 일부이기 때문에 덕을 행합니다.

그러한 사람에게는 덕 자체가 보상입니다. 그는 그것에 충분히 만족하며, 그것을 주나 재물과 바꾸지 않습니다. 그러한 사람은 도덕적인 사람이거나, 또는 도덕적인 사람이 됩니다.[3] 진정으로 도덕적인 사람은 온

---

2) *Untugent*.

3) *Tugentsaz*(virtuous). 여기서 진정한 도덕성(morality)에 관해서 언급한다. 우리는 "덕(virtue)"과 "덕스러움(virtuous)"이라는 단어가 갖는 의미를 이해해야 한다. 도덕적인 삶(moral life)은 하나님 안에서 사는 삶에 토대(life-in-God)를 두고 있으며 표면적인 성공 여부와는 상관이 없다.

세상을 준다 해도 부도덕한 일을 행하지 않을 것입니다.[4] 그는 부도덕한 일을 행하느니 차라리 비참한 죽음을 택하려 할 것입니다.

이것은 의(義)도 마찬가지입니다.[5] 많은 사람이 무엇이 옳은지 그른지 잘 알고 있지만, 그 지식에 의해서 의롭게 되는 것은 아닙니다. 의를 사랑하지 않을 때, 그는 악과 불의를 행하는 것입니다.[6] 그러나 만일 그가 의를 사랑한다면, 그는 불의(不義)하게 행하려 하지 않을 것입니다. 그러므로 만일 그가 불의의 원수라면, 동료에게서 불의를 발견할 때마다 불의(不義)의 상태를 제거하며 악을 행하는 사람을 의로운 상태로 회복시키기 위해서 노력할 것입니다.

참으로 의로운 사람은 불의를 행하기보다는 죽으려 할 것입니다. 그것은 그가 의를 사랑하기 때문입니다.

의로운 사람에게는 의 자체가 보상입니다. 이것이 의로운 사람이 사는 방법입니다. 그는 불의하게 살기보다는 일백 번 죽는 편을 택하려 합니다. 지금까지 의나 공의에 관해 말한 것을 진리에도 적용할 수 있습니다.

---

4) *Untugentsam*; unvirtuous, immoral.

5) *gerechtickeit*(justice, righteousness); *ungerechtickeit*(injustice, unrighteousness). *gerechtickeit*를 정의(justice)로 해석한다면 사회-도덕적(socio-moral)인 차원에서 그 상대를 불의(injustice)라고 할 것이며, 의(righteousness)로 한다면 그 상대를 불의(unrighteousness)라고 할 것이다.

6) "나와 함께 아니하는 자는 나를 반대하는 자요 나와 함께 모으지 아니하는 자는 헤치는 자니라"(마 12:30). 마틴 루터는 "하나님의 나라를 맛본 사람은 세상과 중간은 없다"라고 했다.

인간은 참된 것과 거짓된 것, 또는 교활할 것 등에 대해서 매우 많이 알고 있습니다. 그러나 진리를 사랑하지 않는다면, 그는 진실한 사람이 아닙니다. 반면에 그가 진리를 사랑한다면, 의를 사랑하는 사람에게 발생하는 것과 동일한 결과가 그에게 발생할 것입니다. 이사야서 6장에서는 의에 대해서 "화 있을진저, 위선의 영을 가진 자들이여, 그들은 겉으로는 선한 것처럼 행동하지만, 속에는 거짓이 가득하며 그 입에 거짓이 있다"(사 5:20)라고 말합니다.

사랑이 없는 지식과 학식은 무가치합니다. 이것을 마귀에게서 찾아볼 수 있습니다. 마귀는 무엇이 옳은지 그른지, 무엇이 악하고 선한지 잘 알고 있지만, 자신이 알고 있는 선에 대한 사랑이 부족하므로 선을 대적합니다. 만일 마귀에게 진리 및 자신이 알고 있는 덕에 대한 사랑이 있다면, 선이 그를 변화시킬 수 있을 것입니다. 사랑은 지식에 의해서 학습되며 규칙 일부가 되지만, 만일 사랑이 지식을 수반하지 않는다면, 거기에서 아무것도 나오지 않을 것이다.

하나님과 하나님의 것에 관해서도 마찬가지입니다. 어떤 사람이 하나님과 하나님의 속성에 관해서 많은 것을 알 수 있습니다. 그러므로 그는 자신이 하나님이 어떤 분인지를 잘 알고 있다고 생각할 수도 있습니다. 그러나 사랑에 없으면, 그는 성화될 수도 없고 신화될 수도 없습니다. 참사랑이 지식과 연합되려면 먼저 하나님께 굳게 매달려야 하며 하나님이 아닌 것, 또는 하나님에게 속하지 않은 것들을 모두 버려야 합니다. 하나님에게 속하지 않은 것들이 어떤 형태를 취하든지 간에, 그는 그것의 원수요 대적입니다. 그것은 그를 성나게 하며 고통 거리가 됩니다. 이 사랑에 의해서 하나님과 연합된 사람은 결코 사랑으로부터 떨어지지 않을 것입니다.

제40장

사람이 하나님을 사랑하지 않고서도 신앙을 고백할 수 있는가 하는 문제에 관하여. 어떻게 참과 거짓이라는 두 종류의 빛과 사랑이 있는가?

지금까지 말한 것을 토대로 하여 다음과 같은 질문을 할 수 있습니다: 어떻게 다음과 같은 두 가지 주장이 병존(竝存)할 수 있습니까? 첫째, 우리는 하나님을 향한 사랑이 없는 하나님에 대한 지식이 결코 축복으로 이어지지 않는다고 말해왔습니다. 이것은 마치 하나님에 대한 사랑이 없이도 하나님에 대한 지식이 있을 수 있다는 말처럼 들립니다.[1] 둘째, 우리는 진실로 하나님을 아는 사람은 하나님을 사랑한다, 즉 하나님에 대한 지식 안에 하나님을 향한 사랑이 있다고 말해왔습니다.

이 두 가지 주장은 어떻게 일치합니까? 여기에서 한 가지 사실을 살펴봅시다. 앞에서 빛에는 두 가지 빛, 즉 참 빛과 거짓 빛이 있다고 말했었습니다. 마찬가지로, 사랑에도 참사랑과 거짓 사랑이 있습니다. 이 두 가

---

1) 마치 교리문답적이나 신학적인 지식에서 하나님을 아는 지식을 얻을 수 있다고 말하는 듯하다. 많은 중세 신비주의 신학에서는 이러한 관점에서 어떤 형태의 학문에 반대했다. 루터의 사상에 대한 신학적인 해석에서 종종 오해받아왔다. 그것은 스콜라적 합리주의를 거부하는 것이 신비주의 신학에 반대하는 것으로 오해하는 것이다.

지 사랑은 각기 자체의 빛이나 내적 지식의 인도함을 받는다. 참 빛은 참 사랑을 강화하고, 거짓 빛은 거짓 사랑을 강화합니다. 왜냐하면, 각각의 빛은 스스로 가장 좋고 바람직하다고 여기는 것을 사랑이 행하게 하며, 그것을 사랑하라고 명령하기 때문입니다. 사랑은 빛이 명하는 대로 행합니다.

거짓 빛은 본성적인 질서 및 본성 자체에 속합니다. 따라서 본성적인 세상에 있는 모든 것, 즉 "나(I), 나의(mine), 나를(me)"이 그것의 특징이요 표식입니다. 따라서 거짓 빛은 내적으로 거짓되고 미혹된 것이어야 합니다. 왜냐하면 "나, 나의 것"은 참 빛과 더럽히지 않은 내면의 지식으로 나아온 적이 없기 때문입니다. 이러한 온전함은 거룩한 삼위일체의 위격(位格) 안에서만 발견할 수 있습니다. 만일 사람이 하나의 진리에 대한 내적 지식으로 나아오려면, "나"와 "나의 것"은 죽어 없어져야 합니다.

가능한 많은 학식에 몰두하는 것은 본성적이고 거짓 된 빛의 표식입니다. 거짓 빛은 학식과 지식으로부터 많은 즐거움과 기쁨과 영광을 얻으려 합니다. 따라서 그것은 점점 더 많은 학식을 요구하며, 그런 면에서 결코 평안이나 만족에 이르지 못합니다. 그것은 지식 추구에 있어서 높은 곳을 추구할수록 올라가는 일 자체를 즐기며 영광을 발견하는 듯합니다. 그리하여 모든 것을 알고 모든 것 위에 있다고 생각할 수 있게 될 때, 그것은 기쁨과 영광의 절정에 도달하며, 안다는 것을 가장 훌륭하고 가장 고귀한 것으로 여기게 됩니다. 그것은 자신이 가장 훌륭하고 고귀한 것으로 여겨 쌓아놓은 지식과 학식을 사랑하는 법을 사랑하라는 가르침을 받습니다. 그러나 그러한 경우에 지식과 학식이 그 지식의 대상보다 더 사랑을 받는 것이 됩니다. 거짓 된 본성적인 빛은 지식 및 그것을 배우는 일을 지식의 대상이 되어야 하는 것보다 더 사랑합니다. 실제로 본성적인 빛은 오로지 지식만으로 구성되어 있습니다.

한 가지 일의 도움이 없으면, 이 본성적인 빛이 실제로 하나님과 하나님 안에 있는 더럽혀지지 않은 단순한 진리를 알 수 있다고 생각할 수 있습니다: 그것은 본성, 즉 자신과 자신에 속한 것에 관한 관심으로부터 해방될 수 없습니다.

이런 의미에서 여기에서 우리는 사랑이 없는 정신적이고 영적인 지식을 대면하고 있습니다. 그것은 점점 높이 올라가서 결국 하나님 및 더럽혀지지 않은 단순한 진리를 알 수 있다고 생각하는 망상으로 발전하지만, 실제로 그것이 사랑하는 것은 자기 자신일 뿐입니다.

하나님은 하나님 자신 외에 어떤 사람이나 사물에 의해서 알려질 수 없습니다. 자연인이 하나님을 안다고 잘못 생각하는 것은 곧 자신이 하나님이라고 말하는 것과 같습니다. 그는 자신이 하나님인 듯이 행동하며 그렇게 대접받기를 원합니다. 그는 자신이 자기에게 임한 모든 좋은 것을 받을 자격이 있으며 모든 것을 소유할 권리가 있다고 생각합니다. 그는 자신이 세상의 만물보다 높이 올라갔고 모든 것을 정복했다고 믿습니다. 심지어 그는 자신이 그리스도와 그리스도의 삶까지도 초월했다고 생각합니다.

그러나 그는 가상의 초연함 속에서 그리스도의 삶을 더럽히고 있을 뿐입니다. 실제로, 그는 그리스도가 되기를 원하는 것이 아니라 영원하신 하나님이 되기를 원합니다. 그 이유는, 그리스도와 그의 삶은 본성과 반대가 되고 짐이 되며, 자연인은 그리스도와 그리스도의 삶에 속하기를 원하지 않기 때문입니다. 자연인이 원하는 것은 인간이 아니라 영원한 하나님이 되는 것입니다. 어쩌면 부활 후의 그리스도, 빛, 본성을 흡족하게 해주는 것이 되기를 원할 수도 있습니다. 자연인은 그것이 자기에게 가장 좋은 것으로 생각하기 때문에 그것이 최상의 상태라고 말합니다.

거짓 빛과 거짓되고 미혹된 사랑은 지식과 어느 정도의 학식을 제공해 줍니다. 그러나 그것들 안에서 사랑이 생겨나지 않습니다. 지식과 학식이 지식의 대상보다 더 사랑받습니다.

분명히 "학습된 통찰"이라고 할 수 있는 지식이 있지만, 그것은 참 자식이 아닙니다. 다시 말해서, 어떤 사람은 자신이 소문, 독서, 성경에 능통함 등에 의해서 많이 알고 있다고 상상하고서 그것을 "지식"이라고 하며 "나는 이것도 저것도 안다"라고 말합니다. "어디서 그것을 배웠느냐?"는 질문을 받으면, 그는 "성경에서 읽었다"라고 대답할 것입니다. 그는 그것을 학식과 지식이라고 합니다. 그러나 그것은 참지식이 아니라 하나의 신념입니다. 이런 종류의 학문과 지식을 통해서 많은 것이 인식되고 알려지지만, 안타깝게도 그것들은 사랑 안에서 이해되는 것이 아닙니다.

보상을 바라는 사랑은 온전히 거짓된 사랑입니다. 예를 들면, 어떤 사람은 의를 사랑하는데, 단지 그것이 의라는 사실 자체 때문에 사랑하는 것이 아니라 그것을 통해서 무엇인가를 얻기 위해서 사랑합니다. 만일 우리가 재산을 보고서 어떤 사람을 사랑한다면, 또는 우리가 무엇을 얻으려는 목적을 가지고 하나님을 사랑한다면, 그 사랑은 잘못된 사랑입니다. 이 사랑은 자연인의 관심사에 몰두한 사랑입니다. 본성 자체는 이러한 사랑 외에 다른 사랑을 알지 못합니다. 선은 당연히 인정되지만, 사랑의 대상이 아닙니다.

그러나 참 사랑(Love)은 참빛(Light)과 지식에 의해 알려지며 인도함을 받는다. 참되고 영원하고 거룩한 빛은 사랑을 고취하여 오직 단순하고 온전한 선(Good)만 포용하게 합니다. 그 이유는 오직 선 자체 때문이며, 하나님으로부터 선이나 다른 것을 상으로 받기 위해서도 아니라 그저 선에 대한 사랑 때문입니다. 왜냐하면 그것은 선한 것이며, 따라서 그에 합당한 사랑을 받아야 하기 때문입니다.

　그러므로 참 빛에 대해서 알려진 것은 참사랑 안에서 사랑받아야 합니다. 하나님이라고 불리는 온전하신 선은 오직 참 빛을 통해서만 자신을 알릴 수 있습니다. 그러므로 하나님을 아는 사람을 그분을 사랑해야 합니다.

제41장

참으로 신화된 사람을 구분하고 측정할 수 있는 표적들과 거짓 빛과 거짓 자유 영의 특징에 관하여

참 빛과 참사람에 대해서 다음과 같이 첨언하려 합니다. 어떤 사람의 내면에 참 빛과 참사랑이 있을 때, 참되고 온전한 선이 알려지고 사랑을 받습니다. 참사랑과 빛은 이기적인 사랑에 관심을 두지 않으며, 자신을 위하여 스스로를 사랑하지 않습니다. 이 사랑은 참되고 단순한 선을 향합니다. 온전한 것은 하나의 참된 선 외에 다른 것을 사랑할 수 없으며 또 사랑하지도 않을 것입니다. 이러한 일은 사랑이 들어가는 것이 허락되는 분량만큼 발생합니다.

온전한 사랑은 자신을 사랑해야 하지만, 하나의 자아로서 사랑하거나 자신을 위해서 사랑하는 것이 아니라, 하나의 참되고 온전한 선이 하나의 참되고 온전한 선에 의해서 사랑받는다는 의미에서 사랑해야 합니다. 이런 의미에서 "하나님은 스스로를 하나의 자아로서 사랑하시는 것이 아니다"라고 말할 수 있습니다. 만일 하나님보다 더 좋은 것이 있다면, 하나님은 자신이 아니라 그것을 사랑하실 것입니다.

이 참된 빛(Light)과 참사랑(Love) 안에서는 이기적인 것들이 피난처를 발견하지 못합니다. 참 빛은 지극히 선한 하나의 선이 있다는 것, 그리고 모든 선한 것은 하나의 존재(Being), 유일자 안에 연합된다는 것을 알고 또 그렇게 선포합니다.

이 빛도 유일자가 없으면 선이 없다는 것을 압니다. 그러므로 이 유일한 존재 안에서 사랑은 하나의 특별한 것, 나, 너, 또는 다른 독립된 것에 애착하지 않으며, 다만 유일하신 분, 나도 없고 너도 없으며 다른 독립된 것도 없는 분에게 애착합니다. 이 유일하신 분 안에서 모든 선은 하나의 선으로서의 사랑입니다.

이것은 "모든 것은 유일자로서 하나 안에 있고, 유일자는 모두(All)로서 모두(all) 안에 있다"라는 말을 따른 것입니다. 우리는 유일자란 사랑 때문에 유일자 안에서의 하나 됨과 유일자의 사랑에 의해서 모든 선한 것을 사랑합니다.

인간으로서의 실존에 필요한 것을 제외하고, 나(I), 나의 것(Mine), 자아(self), 그리고 이것들과 관련된 것에 관한 관심은 온전히 상실하고 순종해야 합니다. 그럼으로써 우리는 자유라는 내적인 특징을 가지신 하나님과 일치합니다. 참으로 신화된 사람의 내면에서 행동으로나 침묵 속에서 발생하는 것은 이 빛과 사랑 안에서도 발생합니다. 행동과 긍휼함이 빛과 사랑에서 흘러나오며, 그것들 속으로 다시 흘러 들어갑니다.

이러한 사람의 내면에는 알거나 살거나 죽고자 하는 충동에도 동요하지 않는 내적 만족과 평온이 있습니다. 그러하나 충동들은 모두 비물질적인 것이 됩니다. 그 사람은 죄의 세력을 제외하고는 어떤 것에 대해서도 불평하지 않습니다. 앞에서 우리는 죄란 단순하고 온전한 진리요 하나의 영원한 의지가 아닌 다른 것을 추구하려는 욕망이라고 말했습니다. 그것을 달리 표현하자면, 영원하신 의지와는 상관없이 그 의지를 대적하여 자기 의지를 주장하는 것이라고 표현할 수 있습니다.

그 결과—거짓말, 사기, 불의, 배반, 다른 사악함, 간단히 말하자면 죄—에 대한 설명은 하나뿐입니다. 즉 우리는 하나님과 참되신 선을 거스르는 것을 원합니다. 만일 유일한 의지(Will)가 승리한다면, 죄가 없을 것입니다. 이런 까닭에 자기 의지는 죄라고 말해야 합니다. 이것은 나중에 그것에서부터 여러 형태로 생겨나는 것들을 요약합니다.

이것이 참으로 신화된 사람의 유일한 불평거리입니다. 그러나 그의 불평과 탄식이 매우 강하고 고통스러우므로, 그는 앞에서 언급했던 죄들을 범하기보다는 차라리 수치와 고통 속에서 수백 번 죽는 편을 택하려 할 것입니다. 죄의 세상에서 이러한 종류의 슬픔은 육신이 죽을 때까지 존재해야 합니다.

이와 같은 내적인 감수성이 존재하지 않는 곳에서, 우리는 자신이 신화된 사람을 다루고 있지 않다는 사실 때문에 이와 같은 내적인 감수성이 존재하지 않는 곳을 압니다.

이 빛과 사랑 안에서 우리는 하나의 근원에서 생겨나는 선을 사랑합니다. 우리는 그것을 만물 안에 있는 유일자로서 사랑합니다. 그러므로 우리는 진실로 선하다고 알려진 모든 것-덕, 질서, 의, 청렴, 진실됨 등-을 사랑해야 합니다. 하나님과 참된 선에 속하는 모든 것, 즉 하나님의 속성들은 그러한 표식들을 통해서 사랑받고 찬양됩니다. 그것들과 반대되며 그것들이 결여된 것은 고난과 아픔을 가져오며, 죄로 여겨집니다. 죄는 이렇게 해서 생겨납니다.

참 빛과 참사랑 안에서 살아가는 사람은 과거에도 가장 높고 고귀하고 선하고 가치가 있었으며 앞으로도 그러할 삶을 영위합니다. 이런 까닭에 그 삶은 다른 모든 삶의 양식들보다 더 사랑받고 찬양받아야 합니다. 이 삶은 그리스도 안에 온전한 형태도 존재했었고, 지금도 존재합니다. 만일 그렇지 않았다면 그분은 그리스도일 수 없을 것입니다. 고귀한 삶과 선을 향한 이 사랑은 비록 자연인이 받아들이기에 무거운 것일지라도 하나님의 섭리에 따라 행하고 견뎌야 할 모든 일을 자원하여 기꺼이 행하고 견딜 수 있게 해줍니다.

그리스도는 이것에 대해서 "내 멍에는 쉽고 내 짐은 가볍다"(마 11:30)라고 말씀하십니다. 이 경험은 고귀하고 귀중한 삶을 향한 사랑에서 유래됩니다. 사도들과 순교자들을 살펴보면 이 사실이 분명해집니다. 그들은 자기에게 임하는 고통을 자원하여 기꺼이 받아들였습니다. 그들은 하나님께 환난을 가볍게 해달라거나 단축해 달라고 요구하지 않았고, 다만 굳건히 견딜 수 있게 해달라고 요구했습니다. 사실, 신화된 사람의 내면에서 나타나는바, 하나님의 사랑과 관련된 모든 것은 매우 단순하고 평범하고 직선적이기 때문에 말이나 글로 적절하게 묘사하기 어렵습니다. 신화된 사람은 단지 그것이 존재하기 때문에 안다고 말할 수 있습니다. 그것을 소유하지 않은 사람은 그것을 믿지 못합니다. 하물며, 어찌 그것에 대한 지식을 소유할 수 있겠습니까?

한편, 교묘하고 교활한 정신이 승리하는 곳에는 그와 반대가 되는 본성적인 삶만 존재합니다. 그것은 매우 잡다하고 복잡하고, 많은 천사와 불신과 배반과 자기애를 구하고 찾기 때문에, 그것 역시 말이나 글로 표현하기 어렵습니다.

거짓은 망상에 뿌리를 두며, 속임은 자기기만에서 시작됩니다. 거짓 빛과 삶에 대해서도 같은 말을 할 수 있습니다. 속이는 사람은 속습니다. 우리는 이 거짓된 삶과 빛과 사랑 안에서 마귀와 그의 세계에 속한 모든 것을 발견합니다. 그 둘 사이에는 전혀 차이가 없습니다. 왜냐하면 거짓 빛은 마귀와 같고, 마귀가 곧 이 거짓 된 빛이기 때문입니다.

그것을 다음과 같이 표현할 수 있을 것입니다. 마귀는 자신이 하나님이라고 생각하거나, 하나님처럼 되거나 하나님으로 간주하기를 원할 것입니다. 그리고 스스로 미혹되어 이런 종류의 생각을 믿습니다. 그는 크게 미혹되어 있으므로 자신이 미혹되어 있지 않다고 굳게 믿습니다. 이것이 거짓 빛 및 그것의 특별한 사랑과 삶의 존재 방법입니다. 마귀가 모든 인간을 속여 자기에게로 이끌어 자기의 형상으로 만들려는 욕망을 가지고 교활함과 속임수를 동원할 때, 이 거짓 빛의 속박을 받는 상태에서도 똑같은 일이 일어납니다.

마귀가 그 의도를 버리게 할 방법이 없듯이, 망상의 빛 안에서도 그것을 돌이킬 방법이 없습니다. 그것은 마귀와 본성은 자기들이 미혹되어 있지 않다고 생각한다는 사실에서 비롯됩니다. 그것들은 자기들이 훌륭하게 행동하고 있다고 믿습니다. 물론 그것은 대단히 악하고 피해를 주는 잘못된 생각입니다. 따라서 마귀와 본성은 하나입니다. 본성이 정복되면, 마귀도 정복됩니다. 반대로 말해서, 본성이 정복되지 않으면, 마귀도 정복되지 않습니다.

거짓 빛은 세속적인 영역을 향하는 것이든지 영적인 세계를 향한 것이든지 망상 안에 거합니다. 그것은 미혹되어 있으며, 기회가 있을 때마다 사람들에게 자신의 망상을 주입합니다. 지금까지 말한 것을 토대로 하면, 마귀와 본성의 차이점을 우리가 다루지 않는 이유를 더 잘 이해하고 알 수 있을 것입니다. 우리가 첫째 아담, 불순종, 옛사람, 나, 자기 의지, 자기중심적인 이기주의, 나의 것, 본성, 거짓 빛, 마귀 죄 등에 대해서 말하는 것은 곧 동일한 것에 대해 말하는 것입니다. 그것은 모두 하나님을 거스르며, 하나님 없이 존재합니다.

제42장

왜 자기 의지가 하나님을 대적하는가? 왜 자신의 최선을 자기의 공로로 돌리는 사람은 그것을 찾을 수 없으며, 왜 사람은 자신에게는 선도 없고 행할 능력도 없음을 알지 못하는가?

어떤 사람은 "하나님과 참된 선을 거스르는 것이 정말로 존재하는가"라고 물을 것입니다. 나는 그렇지 않다고 대답합니다. 단 한 가지, 영원하신 뜻이 아닌 것을 원하는 것을 제외하고는 하나님이 없이 존재하는 것은 하나도 없습니다. 영원하신 뜻은 오로지 참된 선이 사랑받는 것만 원하십니다. 사물이 이와는 달리 발달하는 것은 영원하신 뜻을 거스르는 것입니다. 이런 의미에서, 하나님 없이 존재하는 사람은 하나님과 반대 목적으로 일하는 것입니다. 그러나 가장 깊은 곳에서 하나님을 거스르는 것, 또는 참된 선을 거스르는 것은 하나도 없습니다.

우리는 하나님이 다음과 같이 말씀하려 하신다고 이해해야 합니다: "내가 아닌 것을 원하는 사람, 내 뜻과는 다른 것을 원하는 사람은 나를 반대하는 뜻을 가진 사람입니다(마 12:36). 나의 뜻은 아무도 내가 아닌 다른 것을 원하지 않는 것, 오직 나만을 원하는 것입니다. 내 뜻을 벗어난 뜻이 있어서는 안 됩니다. 나를 벗어나서 존재하는 존재나 생명이나 사물은 없으므로, 나와 나의 의지를 벗어난 의지도 없어야 합니다."

모든 존재는 온전하신 존재 안에서 하나이며, 모든 선한 것들은 유일하신 존재 안에서 하나의 선이며 유일자 없이는 존재할 수 없으므로, 모든 뜻은 온전하신 하나의 뜻 안에서 하나의 뜻이 되어야 하며, 유일하신 뜻을 벗어나지 말아야 합니다. 이러한 인식에서 벗어나는 것은 옳은 길에서 벗어나는 것입니다. 우리는 불의에 빠져 있으며, 그러므로 죄에 빠져 있습니다. 거듭 말하자면, 하나님의 뜻을 벗어난 갈망은 죄, 즉 인간 자신의 뜻의 소원에 휩싸인 자기 의지입니다.

인간은 자신의 유익, 자신에게 가장 좋다고 생각하는 것이 자신의 소유이며, 자신의 소유가 되어야 한다고 생각하여 그것을 추구하겠지만, 이런 방법으로는 결코 자기에게 가장 좋은 것을 발견하지 못할 것입니다.[1]

이런 식으로 추구하는 한, 그는 자기에게 가장 좋은 길을 가고 있는 것이 아닙니다. 그렇다면, 그것을 발견하려면 어떻게 해야 합니까? 그가 이런 방식을 고집하는 한, 그는 자기 자신을 얻으려고 힘쓰는 것이며, 자신이 가장 선하고 고귀하다고 생각합니다. 그러나 인간은 가장 선하고 고귀한 존재가 아니므로, 자신을 얻으려고 애쓰는 한 가장 선하고 고귀한 것을 추구하지 않습니다.

반면에, 나, 나의 것 때문이 아니고, 개인적인 유익을 위해서도 아닌 태도를 가지고서 선을 위해서, 자아 때문이 아니라 선을 향한 사랑 때문에 선이신 선을 구하고 사랑하고 의도하는 사람에게서 가장 고귀하고 선한

---

[1] "나는 내 영광을 구하지 아니하나 구하고 판단하시는 이가 계시니라"(요 8:50); "누구든지 자기의 유익을 구하지 말고 남의 유익을 구하라"(고전 10:24); "나와 같이 모든 일에 모든 사람을 기쁘게 하여 자신의 유익을 구하지 아니하고 많은 사람의 유익을 구하여 그들로 구원을 받게 하라"(고전 10:33)

것을 발견합니다. 이것이 가장 고귀하고 선한 것을 추구하는 바른 방법입니다. 이것이 아닌 다른 방법으로 추구하는 것은 거짓 추구입니다.

참으로, 참되고 온전한 선이 그 갈망과 의도와 사랑을 인간을 통해서 보내는 방법이며, 그 자체를 발견하는 방법입니다. 인간이나 피조물이 혼자 힘으로 무엇을 알거나 행할 수 있다고 생각하는 것, 특히 자신이 풍성한 공적을 얻고 하나님 앞에서 많은 근거를 획득하기 위해서 선한 일을 알고 행할 수 있다고 생각하는 것은 크게 어리석은 일입니다.[2]

제대로 이해한 사람이라면, 그러한 시도들에 의해서 하나님께 드리는 것은 가짜라는 것을 알 것입니다. 그러나 진실로 선하신 하나님은 인간에게 관대하십니다. 헛되고 서투른 방법을 사용하는 인간에게는 그 정도의 지혜밖에 없습니다. 하나님은 인간의 선을 다루는 능력에 따라서 그가 번영하는 것을 허락하시며, 그의 받을 수 있는 능력만큼 많은 선한 것을 주십니다. 하나님은 인간이 선한 것들을 소유하시는 것을 기뻐하십니다.

그러나 인간이 그러한 상태에서 사는 동안은 하나님은 발견할 수도 없고, 발견하지도 못합니다. "나"에게 속한 주장들을 버리지 않는 한, 하나님을 발견하지 못할 것이며 받지도 못할 것입니다.

---

2) 이 구절이 마틴 루터의 "오직 은혜"라는 모토를 취한 동기가 되었을 것이다.

제43장

그리스도의 삶이 있는 곳에 그리스도가 있다. 어떻게 그리스도의 삶이 전무후무한 고귀하고 훌륭한 삶이 되는가?

그리스도의 생명이 무엇인지를 알고 이해하는 사람은 그리스도 자신을 알고 이해합니다. 반대로, 그리스도의 생명을 알지 못하는 사람은 그리스도를 알지 못합니다. 그리스도를 믿는 사람은 그리스도의 생명[1]이 가장 고귀하고 선한 것이라고 믿습니다.

이것을 믿지 않는 사람은 그리스도를 믿지 않습니다. 사람의 내면에 그리스도의 생명이 많으면 그리스도도 그의 내면에 많이 계십니다. 만일 그리스도의 생명이 그의 내면에 적으면, 그리스도도 적게 거(居)하십니다.[2] 그리스도의 생명이 있는 곳에 그리스도도 현존하십니다. 이 생명이 없는 곳에는 그리스도도 계시지 않습니다.

그리스도의 생명 안에 있는 사람은 사도 바울처럼 "이제는 내가 산 것

---

1) "…wer an Christum gelaubet, der glaubet das seyn leben…" Gelauben 또는 *glauben*은 단지 지성의 기능으로 아는 것이 아니라 마음으로 그 본질을 아는 것을 말한다.

2) 하나님 안에서의 삶과 세상에서의 삶, 신비가의 삶과 도덕주의자의 삶 간의 연관성에 주목하라.

이 아니요 내 안에 그리스도께서 사신 것이라"(갈 2:20)고 말합니다. 이것이 가장 고귀하고 선한 삶입니다. 그 생명이 있는 곳에 하나님이 지극히 선하신 하나님이 살아 계시다. 어찌 그보다 더 좋은 삶이 있겠습니까?

우리는 순종에 대해서, 새사람에 대해서, 참 빛에 대해서, 정말 사람에 대해서, 그리스도의 생명에 대해서 말합니다. 그러나 이 모든 것은 같은 것을 의미합니다. 이것들은 참 생명에 속한 것들이며, 이것 중 하나가 있는 곳에는 이것들 모두가 존재합니다. 이것 중 하나가 파괴되거나 부재(不在)하는 곳에는, 이것들이 하나도 존재할 수 없습니다. 그것들은 진리와 존재의 영역 안에서 하나에 속합니다.

이 생명이 우리 안에서 태어나고 소생하려면, 이 생명을 획득하게 해줄 것에만 매달려야 합니다. 그 생명에게서 멀어지게 하는 것은 모두 버리고 피해야 합니다. 거룩한 성례 안에서 이 생명을 받는 사람은 그리스도를 받은 사람입니다. 성례의 생명을 많이 받으면, 그만큼 더 그리스도를 받으며, 성례의 생명을 적게 받으면 그리스도를 적게 받습니다.

제44장

어떻게 온전한 만족과 휴식이 다른 피조물이 아닌 그리스도 안에서만 발견될 수 있을까? 왜 하나님께 순종하기를 원하는 사람은 모든 사람을 사랑해야 하는가?

하나님께 만족하는 사람은 넉넉히 소유한 사람이며 용서받을 수 있는 사람입니다. 반대로, 세상에 속한 것에 만족하는 사람은 하나님께 속한 것에서 만족을 취하는 것이 아닙니다. 만일 당신이 하나님께 만족한다면, 오로지 이리 저러한 특수한 것이 아니라 한 분이시요 모든 것이 되시는 분에게서만 쉼을 발견할 것입니다.[1] 하나님은 한 분이시며 또 한 분이셔야 하며, 모든 것이시며 모든 것이셔야 합니다. 하나가 아닌 상태로 존재하는 것은 하나님이 아닙니다. 마찬가지로, 모든 것이 되며 모든 것이 아니며 모든 것을 초월하는 것은 결코 하나님이 될 수 없습니다. 왜냐하면 하나님은 한 분이시며 모든 것을 초월하시기 때문입니다.

하나님 안에서 만족하는 사람은 유일자(One)와 더불어 그 안에서 만족합니다. 그리고 사람이 모든 사물을 유일자의 일부로 보고, 하나를 모든

---

1) 세상의 관점에서 보면 하나님은 "무(無. Nothing)"이다. 그러나 생명과 존재로서 모든 것과 사람들 안에, 그리고 같은 시간에 계신다. 다시 말하면 하나님은 "여기, 지금(here, now)" 계신다.

것으로 보며, 존재하는 것과 존재하지 않는 것을 같이 여기지 않는 한, 하나님 안에 만족하면서 쉬지 못합니다.

그러나 사람이 그러한 이상을 가질 때, 이러한 만족이 임합니다. 더욱이 하나님께 온전히 순종하고 순종하는 사람은 평온한 마음으로 인내하면서 체념하고 순종해야 합니다. 이것은 저항하거나 옹호하거나 회피하지 않는 것을 의미합니다.

만일 당신이 유일하신 분이신 유일자 안에서 주위의 모든 것에게 순종하고 체념하지 않는다면, 당신은 실제로는 하나님께 순종하는 일을 시작도 하지 않은 것입니다.

이런 점에서 우리는 그리스도를 연구할 수 있습니다. 그리고 하나님 안에서 잠잠하기를 원하는 사람은 고난을 당할 것이며, 어떤 종류의 고난에도 저항하지 말아야 합니다. 그리스도가 이렇게 행동하셨습니다.

고난에 저항하며 피하려 하는 사람은 하나님과 함께 고난을 당하고 하나님 안에서 잠잠하기를 원하지 않으며 원할 수 없습니다.[2]

우리는 행위로든지 의도로든지 폭력으로 피조물에 저항해서나 싸워서는 안 됩니다. 물론 우리는 역경과 고난을 예방하고 피할 수 있으며, 그것은 죄가 아닙니다. 만일 당신이 하나님을 사랑하기를 원한다면, 만물을 하나님처럼 사랑하며, 만유 안에 계신 하나님을 한 분 안에 계신 만물처럼 사랑해야 합니다.

만일 한 분 하나님과는 상관이 없이 어떤 특별한 것에 대한 사랑을 품

---

2) *Gott erleiden*(be still under God): 하나님 아래서 잠잠하라. .

는 사람은 하나님을 사랑하지 않습니다. 하나님이 아닌 사물을 사랑하는 것은 하나님보다 그것들을 더 사랑하는 것입니다. 하나님보다 어떤 사물을 더 사랑하는 사람은 하나님을 소중히 여기지 않습니다. 하나님은 홀로 사랑받기를 원하시며 또 그렇게 되어야 합니다. 하나님 외에 다른 것이 사랑받아서는 안 됩니다. 어떤 사람 안에 참 빛과 참사랑이 있으면, 하나님만이 사랑을 받습니다. 그때는 하나님이 선 때문에 선으로서, 모든 선한 것이 유일자로서, 유일자가 모든 선한 것으로서 찬양받습니다. 확실히, 하나님 안에서는 모든 것이 하나요 하나는 모든 것입니다.

제45장

모든 것을 사랑하라고 함에 있어 죄까지도 사랑해야 하는가에 관하여

어떤 사람은 "만일 우리가 모든 것을 사랑해야 한다면, 죄도 사랑해야 하는가"라고 물을 것입니다. 그렇지 않습니다. 우리가 사용하는 '모든'이라는 단어는 선 의미합니다. 존재하는 모든 것은 그 존재의 근원에서 선한 것입니다.

마귀는 존재의 일부로서 선합니다. 그런 의미에서 우리는 어떤 것도 나쁘다거나 악하다고 말할 수 없습니다.[1] 그러나 죄는 하나님과는 다르게 의도하거나 바라거나 사랑하는 것이며, 그런 종류의 의도는 존재의 일부가 아닙니다. 그러므로 그것은 선하지 않습니다. 특정한 사물은 그것이

---

1) 루터는 어느 식탁에서 대화를 나눌 때, 모든 것 안에 계시는 하나님의 내재성에 대해 말했다.

"하나님이 처녀의 자궁에 들어가시듯이 만물 어디에도 들어가실 수 있습니다."

누군가 이 말에 다시 물었다. "하나님은 마귀 안에도 계십니까?"

"네, 지옥에도 계십니다. 시편 139편에 "내가 하늘에 올라갈지라도 거기 계시며 스올에 내 자리를 펼지라도 거기 계시니이다."라고 했습니다. (Hoffman, *Luther and the Mystics*. pp. 142-143).

하나님 안에서 하나님과 더불어 사는 정도만 선합니다.

만물은 존재들로서 하나님의 존재 안에 거주합니다. 그것들의 존재는 그들 자신 안에서보다 하나님 안에서 더 참됩니다.[2] 이런 까닭에, 우리는 만물은 그 내면의 존재에 일치하여 선하다고 말합니다. 우리의 삶에서 하나님 안에 있지 않은 것은 선하다고 할 수 없습니다.[3] 하나님은 자기의 뜻을 거스르거나 종류가 다른 소원과 의도를 받지 않으시므로, 우리는 그런 것들은 악한 것, 선하지 않은 것, 또는 무가치한 것이라고 말할

---

2) 서방 신학과는 달리 독일신학에서는 인류학을 이렇게 정리하고 있다. 그러나 하나님이 "항상(continuous, 또는 상속[相續]해서)" 우리와 함께 계신다는 생각은 "당신의 동생이 돌아왔으매 당신의 아버지가 건강한 그를 다시 맞아들이게 됨으로 인하여 살진 송아지를 잡았나이다"(눅 15:27)라는 말씀이 영적 체험으로 일어나는 데 근거한다.

신비신학에서 하나님이 세상을 창조하셨으므로 피조물은 피조물 그 자체 안에서보다 더 하나님 안에서 더 진실되게 존재할 수 있다고 한다. 인간 존재의 근저(ground)는 하나님의 사랑과 은총으로 인해 인간 내면에 각인된 "하나님의 상"이다.

3) 존재의 차원에서 "형이상학적 세계", 즉 "초자연"이라는 단어를 구사하는 "플라톤 사상"이 기독교에 영향을 주는데 우려가 있다. 기독교는 창조주로서의 하나님이 우리 존재의 원천(fountainhead)으로 믿는다. 여기서 루터가 소중히 여겼던 아우구스티누스와 신비가들은 이 세상을 창조하고 통치하는 초자연적 근원에 대해 비슷한 말을 하고 있다. 비록 "초자연적"이라는 형용사를 구사했지만 (이 단어를 적절한 기독교 신학 용어로 회귀해야 하겠지만), "자연"을 초월하여 그 근저로 나아갈 때 만나는 것을 "초자연"이라는 단어를 구사했다고 이해하면 좋을 것이다.

수 있습니다.

하나님은 행위를 사랑하시지만 모든 행위를 사랑하시는 것이 아닙니다. 그렇다면, 하나님이 사랑하시는 행위는 어떤 것입니까? 참 빛과 참사랑의 가르침과 교훈에서 자라는 것들, 그리고 이것들로부터 발산되며 진리 안에서 행해지며 진리와 관련된 행위를 사랑하십니다. 하나님의 가장 깊은 곳에 속하며 하나님을 크게 기쁘시게 하는 것을 사랑하십니다.

그러나 거짓 빛과 거짓 사랑에서 나오는 행위는 모두 악합니다. 특히 하나님의 뜻과 사랑이 아닌 다른 뜻이나 욕망이나 사랑을 토대로 하여 행해지는 것, 하나님과는 상관이 없이 하나님을 거슬러 행해지는 것은 악한 것입니다. 그것은 하나님의 사역을 온전히 거스르는 것이며, 그것에 적합한 표현은 죄입니다.

제46장

참지식과 경험에 이르기 전에 가져야 할 선행 조건으로서 거룩한 진리에 관계된 몇 가지 사실을 믿어야 함에 관하여

그리스도께서는 믿지 않거나 믿으려 하지 않거나 믿지 못하는 사람은 정죄 받고 버림을 받는다고 말씀하셨습니다.[1] 이것은 진실입니다. 세상에 살면서 자식이 없는 사람은 먼저 믿지 않는 한 지식에 이를 수 없습니다. 만일 우리가 믿음과는 상관없이 믿음에 앞서서 하나님에 대한 지식을 획득하려 한다면, 참된 지식에 들어가지 못할 것입니다.

여기에서 나는 기독교의 신조들을 염두에 두고 있지 않습니다. 왜냐하면 그것은 모든 사람이 받아들이는 것이기 때문입니다. 그것들은 죄인이든지 성도든지, 악한 사람이든지 선한 사람이든지 간에 기독교인들 사이에서 흔한 가정입니다.[2] 신자는 그것들을 믿어야 합니다. 그렇지 않으면 그것들을 알지 못하게 됩니다. 나는 우리가 알고 경험할 수 있지만, 그

---

1) "시몬 베드로가 대답하여 이르되 주는 그리스도시요 살아 계신 하나님의 아들이시니이다"(마 16:16).

2) 여기서 루터가 말한 "역사적 믿음(historical faith)"과 "내적 믿음(inner faith)"은 긴밀하게 연결되어야 한다. 마귀는 역사적 믿음은 인정하지만 내적 믿음은 인정하지 않는다.

전에 먼저 믿어야 하는 것에 대해서 말하고 있습니다. 그렇지 않고는 참 지식은 결코 당신에게 오지 않을 것입니다. 앞서 인용했던 말에서 그리스도는 이 믿음에 대해서 말씀하십니다.

제47장

자기 의지에 관하여. 어떻게 루시퍼와 아담이 자기 의지 때문에 하나님으로부터 멀어졌는가? 어떻게 이 세상이 낙원이 되고 천국의 근교가 되는가? 어떻게 거기에서는 한 그루의 나무, 즉 자기 의지만이 금지되었는가?

어떤 사람은 지옥에서 가장 널리 퍼져 있는 필수품은 자기 의지라고 합니다. 이것은 분명히 참입니다. 지옥은 존재하며 자기 의지로 구성됩니다. 자기 의지가 없다면, 지옥도 없고 마귀도 없을 것입니다.[1] 마귀, 루시퍼가 하늘로부터 떨어지고[2] 하나님을 떠났다는 등의 말은 단지 마귀가 자신의 자기 의지를 유지하고 싶어했다는 것, 그리고 자기의 의지를 영원하신 의지에 맞추기를 원하지 않았다는 의미입니다.

낙원에서의 아담도 마찬가지였습니다. 자기 의지란 영원하신 뜻이 원하는 것이 아닌 다른 것을 원하는 것을 의미합니다. 그런데, 낙원이란 무

---

1) "자유 영"의 사람들은 지옥은 인간의 의지이며 자기 의지(self-wil)를 부수는 것은 지옥을 부수는 것이라고 했다. 이 말은 지옥은 실증적 세계를 넘어서 존재하는 실재라는 개념을 거부하는 개념이다. 물론 독일신학은 이 인본주의적인 가설에 대항한다.

2) "예수께서 이르시되 사탄이 하늘로부터 번개 같이 떨어지는 것을 내가 보았노라"(눅 10:18).

엇입니까? 존재하는 모든 것입니다. 왜냐하면 존재하는 모든 것은 선하고 하나님이 기뻐하시는 것이기 때문입니다. 그러므로 창조는 낙원이라고 표현되어야 합니다.

낙원은 천국의 영역이라고 합니다. 마찬가지로, 우리의 실존 안에 있는 모든 것은 영원한 분, 또는 영원의 영역입니다. 이것은 특히 우리의 현세 생활에서, 일시적인 것들 사이에서, 피조된 것 안에서 그것들과 더불어 볼 수 있고 알 수 있는 하나님과 영원의 상징들에 적용됩니다. 피조 세계는 하나님과 영원으로 가는 방향과 길을 마련해 줍니다.

따라서 이 세상은 영원의 영역입니다. 그러므로 그것을 낙원이라고 부를 수 있을 것입니다.[3] 이 낙원 안에서는 한 나무와 그 열매를 제외하고는 모든 것이 합법적입니다. 이것은 우리 주위에 존재하는 모든 것 중에서 한 가지를 제외하고는 근본적으로 하나님을 거스르는 것이 없고, 금

---

3) "낙원"이라 함은 '즐겁고 기쁜 동산'이라는 뜻이다.

"즐겁고 기쁘다"라는 평가는 인간의 감각적 자극으로 느껴지는 것이다. 플라톤 철학에서 인간의 감각적 자극을 "정념"이라고 하며, 이것은 아직 사악한 것은 아니지만, 보편적으로 이성을 마비시켜서 사악으로 기울게 한다고 한다. 초대 사막의 수도사들은 이 정념을 "악한 생각들"(막 7:21 참조)이라고 한다. 스토아학파의 사람들은 이 정념을 바루기 위해서 금욕 생활을 주장한다. 그러나 초대 사막의 기독교 수도사들은 사악한 정념을 복된 정념으로 바루기 위해서는 "금욕생활 자체"로는 불가능하며, "하나님의 아들 예수 그리스도 이름"으로 인하여 가능하다고 했다.

여기서 세상을 "낙원"이라고 언급함으로써 이러한 플라톤의 사상에 반박하고 있다.

지된 것이 없다는 뜻입니다. 그 한 가지는 자기 의지, 또는 영원하신 뜻이 원하는 것이 아닌 다른 것을 원하고 의도하는 것입니다.

하나님은 아담에게 다음과 같이 말씀하시는 것은 곧 각각의 인간에게 말씀하시는 것임을 염두에 두십시오: "내가 행하는 것과 행하지 않는 것, 발생하는 모든 것이 너 자신의 유익을 위해서, 또는 너의 의지에 따라서 발행하는 것이 아니라 나의 의지와 일치하는 것이라면, 영접되고 허락됩니다"(창 2:15-17 참조).

그러나 당신의 의지에 따라서 발생하는 것은 영원하신 뜻을 거스르는 것입니다. 이 세상에서 이루어지는 모든 일이 영원하신 뜻을 거스르지는 않을 것입니다. 그러나 우리가 행하는 것들이 하나님의 뜻이 아닌 다른 뜻, 영원하신 뜻이 아닌 것에서 흘러나올 때, 그것들은 적대적인 행위가 됩니다.

제48장

왜 하나님은 자기 의지가 하나님을 대적한다는 것을 아시면서도 그것을 창조하셨는가?

당신은 "자기 의지라고 하는 이 나무가 하나님과 영원하신 뜻과 반대된다는 것을 아시면서 하나님께서 그것을 만드셔서 낙원에 두신 이유가 무엇인가?"라고 질문할 수도 있습니다. 그에 대해서 나는 "하나님의 뜻과 감추어진 의도를 알려 하며 하나님께서 어떤 일을 행하시고 어떤 일을 행하시지 않는 이유를 알고자 하는 사람이나 존재는 아담과 마귀와 동일한 주장을 하는 것입니다"라고 대답하겠습니다.

하나님의 뜻을 알려는 갈망은 아무리 오랫동안 지속되어도 결코 충족되지 못할 것입니다. 그것은 즉 인간은 아담이나 마귀와 다를 바가 없다는 의미입니다. 왜냐하면 하나님의 계획을 알려 하는 이 충동은 대체로 인간이 그 안에서 취하는 즐거움과 거기서부터 끌어내는 영광을 중심으로 하는데, 그것은 온전한 교만입니다.

참으로 겸손하며 조명을 받은 사람은 하나님께 비밀을 드러내라고 요구하지 않습니다. 그는 하나님이 어떤 일은 막으시고 또 어떤 일은 행하시는 이유를 묻지 않으며, 그와 비슷한 질문을 하지 않습니다. 그는 단지 낮아지고 순종하는 방법, 그리고 자기의 내면에서 영원하신 뜻이 다른 뜻들의 방해를 받지 않고 우세하게 되는 방법, 그리고 영원하신 뜻이 자기에 의해서 자기의 내면에서 온전히 드러나는 방법을 질문합니다.

이 문제와 관련하여 또 다른 대답을 제시할 수 있습니다. 이에 대해서 "피조물 안에 있는 가장 고귀하고 즐거운 특성들은 지성이나 이성, 그리고 의지입니다. 이 두 가지는 서로 얽혀 있습니다. 한 가지 특성이 있는 곳에는 나머지 특성도 있습니다. 이 두 가지 특징이 없으면, 이성적인 피조물은 존재하지 않고 짐승과 야만성만 존재할 것입니다."라고 표현할 수 있을 것입니다.

하나님이 자신의 것을 받으려 하지 않으시므로, 피조 세계 안에서는 하나님의 특성을 시험하거나 인식하는 일이 없을 것입니다. 그것은 마치 큰 허무와 같을 것입니다. 그러나 그와 같은 시험은 필요한 일이며, 온전을 향한 사역의 일부입니다.

그러나 이제 지식과 이성은 의지와 함께 피조되고 주어집니다. 지식과 이성은 지식이나 의지는 자아로부터의 분리를 원하지 않으며, 분리되어서도 안 된다는 것을 가르칩니다. 그들은 자신의 독립된 업적들과 목적을 증진하는 것에 의해서, 그것들을 자기 자신을 위해서 사용하면서 유익함을 생각해서도 안 됩니다.

이성과 의지는 분리되지 않은 유일자로부터 나아오며, 그분에게 속하며, 그분에게 순종하며, 그분에게로 돌아오며, 본질적으로 무(無)로 돌아갑니다.

제49장

예수님께서 "나를 말미암지 않고서는 아버지께로 올 자가 없느니라"라고 하신 말씀과 "아버지께서 내게 주신 자 외에는 내게 올 자가 없느니라"고 하신 이 두 말씀을 어떻게 이해해야 할 것인가? 이것에 관하여 이 책의 마지막에 이르기까지 7장(제5장-제56장)에서 설명된다.

우리는 의지라는 것이 어떤 것인지에 대해 살펴봐야 합니다. 태초부터 하나님의 존재 안에 활동과 표면적인 현시(顯示)가 없이 거하는 영원하신 뜻은 인간이나 모든 존재의 내면에서 작용하고 원하는 힘으로써 존재하는 인간의 일부입니다. 그러므로 전력을 다하여 갈망하는 것이 의지의 표식이며 상징입니다. 그렇지 않다면, 그것은 행위가 없는 헛되고 공허(空虛)한 것이 될 것입니다. 피조물이 없으면 적극적으로 원하는 일이 발생할 수 없습니다. 이런 까닭에 반드시 피조물이 있어야 합니다. 하나님은 거룩하신 뜻을 피조물을 통해서 실현하시며 나름의 사역을 이루시기 위해서 피조물을 원하십니다. 나는 여기에서 하나님 안에서 활동이 없이 존재하며 또 그렇게 존재해야 하는 뜻에 관해 이야기하고 있습니다.

우리가 영원하신 뜻이라고 부르며 피조물의 것이 아닌 것이 하나님의 뜻인 것처럼, 피조된 뜻이라고 불리며 피조물 안에 거하는 뜻도 하나님의 뜻입니다. 따라서, 하나님은 피조물이 없이 행위와 외적인 움직임에 의해서 무엇을 의도할 수 없으므로, 피조물을 통해서 행동하십니다.

그러므로 피조물이 홀로 그 뜻을 발휘해서는 안 되며, 하나님만이 표면적인 행위에 의해서 피조물 안에서 그 뜻을 표현하셔야 하며 또 그것을 원하십니다. 따라서 이 뜻은 인간 안에 있지만, 하나님의 뜻입니다. 인간 아니든지 다른 피조물 안에서든지 이 뜻이 순수하고 온전히 현존하는 곳에서 우리는 인간이 아니라 하나님의 인도하심을 받는 갈망을 발견할 것입니다. 그곳에서 그 뜻은 자기 의지가 아닐 것입니다. 하나님의 뜻과 일치하지 않는 것이 의도되지 않을 것입니다. 그곳에서는 인간이 아니라 하나님이 뜻을 발휘하시며, 그 뜻은 영원하신 뜻과 하나로서 영원하신 뜻 속으로 흘러 들어갈 것입니다.

그러나 이 사람의 내면에는 즐거움과 고통, 기쁨과 고통이 있습니다. 왜냐하면 하나님에게 일치하는 인간의 뜻은 계속 즐거움과 고통을 경험하기 때문입니다. 사태가 우리의 뜻과 일치할 때, 우리는 편안하며 그것을 좋아합니다. 그러나 사태가 우리가 의도하는 것과 반대로 진행될 때 우리는 고통을 경험합니다. 이 즐거움과 고통은 인간이 아니라 하나님에 의해 생겨나는 것입니다. 즐거움과 고통의 근원은 의지의 근원과 동일합니다.

의지는 인간의 것이 아니라 하나님의 것입니다. 즐거움과 기쁨은 하나님에게서 오는 것입니다. 여기에서는 하나님을 거스르는 것이 아닌 다른 것에 대해 슬퍼하는 소리는 들리지 않습니다. 반대로, 그것에서는 하나님과 하나님의 모든 상징에서 자라나는 기쁨이 아닌 다른 기쁨을 출현하지 않습니다.

지식, 이성, 힘, 사랑, 그 밖에 인간의 내면에서 움직이는 모든 것도 의지의 경우와 같습니다. 그것은 인간의 영역이 아니라 하나님의 영역입니다.

의지가 온전히 순종되면, 아버지 것들도 확실히 정복될 것입니다. 이것이 하나님께서 자신의 것을 돌려받으시며 동시에 인간의 의지가 자신의 것이 되지 않는 경위입니다. 하나님은 의지를 만드셨지만, 그것이 자기 의지가 되도록 하신 것이 아닙니다.

제50장

    마귀와 아담—즉 거짓 본성—은 이 의지를 붙잡아 자기의 것으로 만들고, 그것을 자기 자신과 자기의 유익을 위해 사용합니다. 이것은 해악, 즉 불의, 즉 아담이 선악과를 베어먹은 것입니다. 그것은 하나님을 거스르기 때문에 금지됩니다. 그러나 유혹이 지속되고 자기 의지가 다스리는 동안에는 결코 참된 평화가 없습니다. 이것은 사람들과 마귀에게서 분명히 볼 수 있습니다. 결코 평화가 없습니다.

    이 세상에서든지 다음 세상에서든지, 자기 의지가 다스리는 곳에서는 결코 참된 축복이 다스리지 못합니다. 이것은 의지를 자신의 것으로, 그리고 자신을 위한 것으로 주장하려는 경향을 의미합니다.

    그러한 사람의 자기 의지가 이 세상에 사는 동안 정복되지 않고 다음 세상에서도 지속된다면, 그곳에는 만족이나 평안이나 축복이 없을 것으로 예측할 수 있습니다. 이것은 마귀에게 적용됩니다.

    만일 이성과 의지가 인간의 일부가 아니라면, 하나님은 알려지지 않고 사랑받지 않고 찬양받지 않고 영광을 받지 않으실 것이며, 피조물은 아무런 가치도 지니지 못할 것입니다. 피조물은 하나님께 소용이 없을 것입니다.

    지금까지 나는 하나님께서 의지를 만드신 이유에 관해 설명했습니다. 만일 어떤 사람이 내가 지금까지 말한 것—하나님의 관점에서 볼 때 적절하고 유익한 말-에 감동을 받아 회개한다면, 하나님이 기뻐하실 것입니다.

자유로운 것은 누구에게도 속하지 않습니다. 만일 당신이 자신을 위해서 자유로운 것을 강탈한다면, 그것은 부당한 일을 범하는 것입니다. 모든 자유로운 것 중에서 의지가 가장 자유로운 것입니다. 그것을 강탈하여 그 귀중한 자유로움과 속박을 받지 않는 고귀함과 자유로운 방법 안에 내버려 두지 않는 것은 잘못을 범하는 것입니다. 마귀와 아담 및 그들을 따르는 자들이 그렇게 행합니다. 그러나 의지로 하여금 그 자체의 고귀한 자유를 누리게 하는 것은 옳은 일입니다. 그리스도와 그분을 따르는 자들이 이렇게 행합니다. 만일 당신이 고귀한 의지에서 그 자유를 박탈하여 그것은 당신의 것으로 삼는다면, 그에 상응하는 보복이 당신에게 임할 것입니다. 당신은 슬픔, 불만, 불안, 고민 등 온갖 종류의 불행의 짐을 지게 될 것입니다. 이 상태는 세상에 사는 동안, 그리고 영원까지 당신과 함께 머물 것입니다.

내면에 속박을 받지 않고 고귀하고 자유로운 상태로 남아 있는 의지를 소유한 사람은 그리스도께서 말씀하신 바 참되고 자유롭고 속박을 받지 않는 사람이다: "진리가 너희를 자유케 하리라', "인자가 너희를 자유케 하면 저희가 진실로 자유를 얻으리라"(요 8: 32, 36).

제51장

　의지를 제대로 사용하는 것은 지금까지 묘사한 자유 안에서 의지를 사용하는 것입니다. 이렇게 조성된 의지 안에는 전혀 제한이 없습니다. 그것은 모든 환경 안에서 가장 고귀하고 좋은 것을 선택합니다. 그러한 상태에 있는 의지는 선하거나 고귀하지 않은 것을 분명히 인식하며, 이러한 인식 때문에 의지는 슬퍼합니다.

　그러므로 의지는 자유롭고 속박을 받지 않을수록, 주위의 좋지 않은 의지, 사악함, 부도덕한 행위들의 무게, 간단히 말해서 죄라고 규정하는 모든 것 때문에 고통을 받고 탄식하고 슬퍼합니다.

　이것은 그리스도의 삶에서 분명히 나타난다. 그리스도는 가장 자유롭고 속박을 받지 않으며, 인간적인 형태로 출현했고, 존재했고, 앞으로 존재할 가장 이타적(利他的)인 의지를 가지신 분이셨습니다. 따라서 인간이신 그리스도는 가장 자유롭고 속박을 받지 않는 피조물이신 동시에 죄에 대해 가장 큰 슬픔과 고난과 비탄을 경험하셨습니다.

　그러나 당신이 그러한 방식으로 자신을 위해서 자유를 강탈한다면, 무분별하고 부주의하게 살아간다면, 현세에서 부활하신 후의 그리스도처럼 되어야 한다고 주장한다면 죄 및 하나님을 거스르는 것으로 인해 슬퍼하거나 애통하지 않을 것입니다. 그렇다면, 당신은 참된 거룩한 자유, 참으로 거룩한 빛으로부터 솟아나는 자유를 소유하지 못할 것입니다. 오히려 본성적이고 거짓되고 미혹하는 빛에서 오는 본성적이고 불의하고 거짓되고 미혹하는 사탄의 자유를 소유할 것입니다.

만일 자기 의지가 존재하지 않는다면, 자신이 원하는 것만 행하려는 관심도 없을 것입니다. 하늘나라에는 소유권이 없으며, 따라서 만족과 참평화와 한없는 행복이 있습니다.

만일 하늘나라에 있는 어떤 사람이 무엇인가를 자기의 것이라고 주장한다면, 그는 바로 그 주장이 그를 자극하여 지옥으로 향하게 할 것이며, 그는 마귀로 변할 것입니다.

지옥에서는 모든 사람이 자기 의지를 갖기를 원합니다. 그러므로 지옥에서는 모든 것이 불행이고 비참함일 것입니다. 우리의 세상에서의 실존도 비슷합니다. 지옥의 거주자가 자기 의지를 포기하고, 무엇인가를 자기 것으로 주장하려는 욕망에서 해방되었다고 가정해 봅시다. 그렇다면, 그는 지옥에서 나와서 천국으로 갈 것입니다.

이 세상에서 사는 사람은 자신이 천국과 지옥 사이에 있음을 발견합니다. 그는 자신이 선택하는 것에게로 자기의 의지를 향하게 할 수 있습니다. 소유하고 자기 것으로 삼으려는 욕망이 클수록, 그만큼 더 큰 지옥과 불행을 소유하게 될 것입니다. 자기 의지가 적어지면, 지옥도 적어지고 천국에 더 가깝게 됩니다. 천국은 이 세상에서 온전히 자기 의지나 자신의 것으로 소유하려는 욕망을 버리고 사는 사람, 참되고 거룩한 빛의 교훈을 받으며 방해를 받지 않고 자유로이 하나님 안에 거하신 사람의 것이 될 것입니다.

당신이 무엇인가를 자기 것으로 소유하기를 원하거나 소유하는 즉시, 당신 자신이 그것의 소유가 됩니다. 그러나 자기 것을 전혀 소유하지 않거나 소유하기를 바라지 않는 사람은 누구에게도 방해받지 않고 자유로우며 예속되지 않습니다.

제52장

여기에 기록된 것은 모두 그리스도께서 세상에서 33년 동안 간단하게 "나를 따르라"고 말씀하시면서 가르치셨던 것입니다. 이 말씀은 간단하지만, 그리스도를 따르려면 우리는 모든 것을 포기해야 합니다. 그리스도 안에서 모든 것이 포기된 것처럼 온전하게 포기한 피조물은 지금껏 없었고, 앞으로도 없을 것입니다.

더욱이, 그리스도를 따르려면 십자가를 져야 합니다. 십자가는 그리스도의 삶과 동일한 것이며, 자연인에게는 쓰라린 것입니다.[1] 그리스도는 십자가에 대해서 이렇게 말씀하십니다: 모든 것을 버리고 자기 십자가를 지지 않는 사람은 나에게 합당하지 않으며, 나의 제자가 아니며 나를 따르는 사람이 아닙니다(마 10:38; 눅 14:27 참조).

그러나 거짓으로 자유로운 자연인은 자신이 정말로 모든 것을 버렸다고 생각합니다. 그러나 문제는 그가 십자가를 지기를 원하지 않으며, 또 자신이 이미 충분히 십자가를 졌기 때문에 더는 십자가가 필요하지 않다고 생각하는 데 있습니다. 그것은 자기기만입니다.

만일 자연인이 한 번이라도 십자가를 맛보았다면, 그는 결코 그것을 버

---

1) 여기서 루터의 "십자가의 신학"을 볼 수 있다. 자아의 순종이 십자가이다.

리지 않을 것입니다.

그리스도를 믿는 사람은 여기에 기록된 모든 것을 믿어야 합니다. 그리스도는 "나로 말미암지 않고는 아버지께로 올 자가 없다"(요 14:6)라고 말씀하십니다. 여기에서 우리는 사람이 그리스도에 의해서 아버지께로 가는 방법에 주목하려 합니다.

인간은 내적으로나 외적으로 자아와 자아에 속한 것들을 지켜야 합니다. 다시 말해서, 그는 하나님의 방법이 아닌 다른 방법으로 그의 내면에서 의지나 욕구나 사랑이나 생각이 생겨나지 않도록 행동하고 자신을 보존해야 합니다.

골치 아픈 것들, 하나님의 것이 아니며 적합하지 않은 일들이 일어나는 것을 의식하게 될 때, 우리는 즉시 힘을 다하여 그것들을 근절하고 저항하려고 노력할 것입니다.

표면적인 행위, 행동이나 행동을 중단하는 것, 말을 하거나 침묵하는 것, 깨어 있거나 잠을 자는 것 등에도 같은 원리를 적용해야 합니다. 그것을 다음과 같이 표현할 수 있을 것입니다: 우리는 자기 자신의 일과 사람들과의 관계에서 행동하는 방식과 행동에 있어서, 하나님의 영역에 속하는 것 외에 다른 일이 발생하지 않도록 조심해야 합니다. 우리의 안팎에서 그 시험에 대답하지 않는 것이 일어나거나 남아 있는 것을 허락해서는 안 됩니다. 우리는 이렇게 질문해야 합니다: 하나님이 우리 안에 거하시려면 우리가 이렇게 행동하는 것, 또는 이것을 생략하는 것이 적절한 일이며 가능한 일입니까?

그러한 사람의 삶에서 발생하는 것이 내적인 움직임이든지 표면적인 움직임이든지 간에, 그것은 모두 하나님에게 속한 것이며, 그 사람은 그리스도의 삶을 따르는 사람일 것입니다.

제53장

만일 당신이 방금 묘사한 것과 같은 생활을 한다면, 당신은 그리스도를 통해서 오고 갈 것입니다. 왜냐하면 당신은 그리스도를 따르는 사람이기 때문입니다. 이런 식으로, 당신은 그리스도와 함께 그리스도를 통해서 아버지께로 갈 것입니다. 당신은 그리스도의 참된 종이 될 것입니다. 그리스도를 섬기는 것은 그리스도를 따르는 것입니다. 그리스도는 친히 "누구든지 나를 섬기려면 나를 따라야 한다"(요 12:26)라고 말씀하십니다. 이것은 거꾸로 "나를 따르지 않는 사람은 나를 섬기지도 않는다"라는 말인 듯합니다.

그리스도를 섬김으로써 따르는 사람은 그리스도가 거하시는 곳, 즉 아버지께 도착합니다. 그리스도께서 "아버지여, 나 있는 곳에 내 종도 함께 있게 하여 주십시오"(요 17:24)라고 말씀하신 것은 바로 이것을 의미합니다. 이렇게 행하는 사람은 문을 통해서 양무리, 즉 영생으로 들어가며, 문지기는 그를 위해 문을 열어준다. 다른 길을 선택하는 사람, 또는 자신이 그리스도와 상관없이 아버지나 영원한 축복에 이를 수 있다고 생각하는 사람은 미혹된 사람입니다. 그는 바른길을 따라 걸어가지 않으며 바른 문을 통해 들어가지도 않습니다. 그러므로 그에게 문이 열리지 않습니다. 그리스도께서 말씀하신 것처럼 그는 도둑이요 살인자입니다(요 10:1-3).

그러므로 당신이 덕과 악덕, 질서와 무질서 사이의 경계를 간과하고[1] 규율이 없는 자유 안에서 생활하는지 살펴보십시오. 다시 말해서, 당신이 올바른 문을 향해서 바른길을 걸어가고 있는지 알아야 합니다. 그리스도는 두 영역 사이의 경계를 무시하지 않으셨으며, 참으로 그리스도를 따르는 사람들도 그 경계를 무시하지 않습니다. 그리스도는 "아버지께서 이끌지 아니하면 아무라도 내게 올 수 없다"(요 6:44)라고 말씀하십니다.

나는 아버지를 온전하신 분, 단순하고 온전한 선으로 이해합니다. 그분은 모든 것이요 모든 것 위에 계십니다. 그분이 없이 그분 밖에서는 참된 존재가 없고 참된 선이 없으며, 그분이 없이는 한 번도 참된 일이 수행되거나 발생하지 않았습니다. 선은 모든 것이므로, 또한 그 자체 안에 스스로, 그리고 모든 것을 초월하여 존재하셔야 합니다.[2]

이 존귀하신 선은 피조된 존재가 파악하거나 이해할 수 없습니다. 피조된 것들이 이해하고 파악할 수 있는 것은 특별한 사물의 상태를 따르기 때문입니다. 그때 우리는 피조물이라고 불리는 제한된 상태로 돌아갑니다.

만일 온전하신 분(Wholeness), 즉 완전하신 분(Perfection)이 특별한 것, 또는 피조된 존재가 파악할 수 있는 것이라면, 그것은 모든 것(All)이 될

---

1) 간과(*unachtsamkeit*)란 "관심 없음(inattention)", "나태(sloppiness)", "아무렇게나 다룸(slovenliness)" 등을 의미한다.

2) "…*so muss es [das war gut] auch allein sein.*" 여기서 *allein*은 "홀로", "단독으로"라는 뜻으로서 어떤 것에 잇대어 존재하는 것이 아니라, 어떤 것에도 초월해서 "스스로 존재한다"라는 뜻이다.

수 없으며, 또 스스로 존재하는 것도 될 수 없습니다. 그것은 온전하신 분이 될 수 없습니다. 따라서 완벽하게 온전하신 분에게는 이름이 없습니다. 그분은 피조성을 가진 피조물이 파악하거나 이해하거나 인식하거나 생각하거나 이름을 붙일 수 있는 것이 아닙니다. 그러나 이 온전하고 이름이 없는 능력(Power)이 준비된 사람, 즉 잉태된 사람 안에 흘러 들어간다면, 그 사람의 내면에 독생자를 낳으며, 그 아들을 통해서 자신을 주십니다. 이런 까닭에 우리는 그 온전하신 선을 아버지라고 부릅니다.

제54장

아버지께서 어떻게 우리를 그리스도께로 이끄시는지 살펴봅시다. 사람의 영혼에 온전하신 선에 속한 것이 시각적으로나 황홀 상태로 나타나기 시작하고 계시될 때, 온전하신 선에서 가까이 가고 그와 연합하려는 갈망이 그 안에 생깁니다. 이 갈망이 자람에 따라서 영혼에 점점 더 많은 것이 계시되고, 많은 것이 계시될수록 영혼은 더 많이 갈망하고 더 많이 이끌립니다.

이런 식으로 사람은 영원하신 선과의 연합으로 이끌려 들어가고 거기에 매료됩니다. 이끄시는 분은 아버지이십니다. 인간은 그를 찾으시는 분의 가르침을 받는다. 인간은 그리스도의 생명을 통하지 않고서는 그분과의 연합에 들어갈 수 없습니다. 이제 인간은 지금까지 우리가 언급했던 생명을 입습니다.

그리스도가 하신 두 가지 말씀을 읽어봅시다. 첫째, "나로 말미암지 않고는(다시 말해서 나의 생명을 통하지 않고서는) 아버지께로 올 자가 없느니라"(요 14:6). 둘째, "아버지가 이끌지 아니하시면(다시 말해서, 인간적인 삶을 취하고 나를 따르지 않으면) 아무라도 네게 올 수 없느니라"(요 6:44). 그러므로 그는 아버지, 즉 단순한 정신을 가진 온전한 선에 의해 만져지고 이끌립니다.

사도 바울은 이것에 대해 다음과 같이 말합니다: "온전한 것이 올 때는 부분적으로 하던 것이 폐하리라"(고전 13:10). 이것은 내면에 인식되고 느껴지고 맛보아지는 온전하신 분을 소유한 사람은 세상에서 가능한 한 도까지 이 온전하신 선과 비교되는바 피조물에 대한 것을 생각하지 않는다는 뜻입니다. 이것은 옳은 믿음입니다. 온전하신 분이 없으면, 참된 것도 없고 참된 존재도 없습니다. 그러므로 만일 당신이 온전하신 분을 소유하고 알고 사랑한다면, 당신은 모든 선한 것을 소유하고 아는 것입니다. 그런 사람이 무엇을 더 원하겠습니까? 부분적인 것이 하나의 존재 안에 연합될 때, 부분적인 것이 무슨 의미가 있겠습니까?

제55장

앞에서 말한 것은 표면적인 삶을 다루는 것으로서, 참된 내면생활에 이르는 길입니다. 내면생활은 다음과 같이 시작됩니다. 사람이 세상에서 가능한 한도까지 온전하신 분을 맛보면, 모든 피조물, 심지어 그의 자아까지도 무가치한 것처럼 됩니다.

사람이 참된 상황, 즉 온전하신 분만이 모든 것이 되시고 모든 것 위에 계신다는 것을 알게 되면, 필연적으로 모든 선한 것을 피조물에 돌리지 않고 온전하신 선에게 돌려야 합니다. 생명, 존재, 능력, 학식, 지식, 행위, 그리고 행위로부터의 휴식 등을 지극히 높으신 선에게 돌린다. 만일 사람이 생명이나 존재나 능력이나 지식이나 행위나 행위의 생략 등 선이라고 할 수 있는 모든 것을 자기의 것으로 주장하지 않는다면, 그는 가난해지고 무(無)가 됩니다. 또 모든 피조물을 무가치하게 여기게 됩니다.

그때 참된 내면생활이 시작됩니다. 그때 하나님이 친히 그 사람이 되시므로, 하나님이 아니거나 하나님에게 속하지 않은 것이 없게 되며, 또 그의 내면에 그의 소유라고 여기는 것도 없게 됩니다.

따라서 하나님은 인간의 내면에서 일하시고, 그의 내면에서 사시고 아시며, 능력을 주시고 사랑하시고 의도하시고 행하시고 쉬십니다. 나는 지금 한 분이시며 영원하시고 온전하신 하나님, 스스로 존재하시는 분에 대해 말하고 있습니다. 진실로 이렇게 되어야 합니다. 그렇지 않은 곳에서도 인간은 편히 생활하며, 그에게 있어서 사물들이 더욱더 만족스러울 수도 있을 것입니다.

하나님 안에 있는 생명 속으로 들어가는 좋은 수단은 가장 좋은 것이 가장 사랑스러운 선택이 되어 가장 좋은 것을 선택하고 그것을 고수하며 그것과 하나가 되는 것이 즐거운 일이 되는 것입니다.

나는 우선적으로 세상에 사는 사람들에 대해 생각하고 있습니다. 이 피조물들 안에서 가장 좋은 것은 무엇입니까? 가장 좋은 것은 영원하고 온전하신 선, 그리고 빛을 발하고 일하고 알려지고 사랑받는바 그 선의 현현(顯現)입니다.

하나님의 것이며 하나님에게 속한 것은 어떤 것입니까? 우리가 진실하고 바르게 선이라고 부를 수 있는 것입니다. 우리가 피조물 안에서 분별할 수 있는 가장 좋은 것을 고수하고 그것에서 벗어나지 않을 때, 점차 보다 좋은 것에 이르게 되며, 마침내 영원하신 선은 피조된 형태 안에 있는 모든 선을 초월하고 측량할 수 없이 온전한 선이심을 알 수 있고 맛보게 됩니다.

제56장

　만일 우리가 가장 선한 것을 가장 크게 사랑하며 그것의 부르심 따라야 한다면, 영원하고 유일한 선만 소중히 여기고 굳게 붙들며 힘이 닿는 한 그것과 조화를 이루어야 합니다. 만일 모든 선한 것을 영원하고 유일하신 선에서 기인하는 것으로 돌려야 한다면, 당연히 인생의 시작과 발달과 마지막을 그분에게로 돌려야 합니다. 또 인간과 모든 피조물은 원래 무(無)라는 것도 인정해야 합니다. 이것은 분명한 진리입니다. 이 길에 의해서만 우리는 참된 내면생활에 이를 수 있습니다.

　그다음에는 어떤 일이 발생할 것입니까? 무엇이 계시될 것입니까? 그러한 장래의 삶의 본질은 어떤 것입니까? 그것에 대해서 말할 수 있는 사람은 없습니다. 그 삶이 실제로 어떤 것인지에 대해서 지금까지 말한 사람이 없으며, 알려진 적이 없고, 상상된 적도 없습니다.(고전 2:9 참조).

　지금까지의 내 말에는 간단히 말해서 다음과 같은 내용이 포함되어 있습니다: 인간의 내면에는 무엇을 자기 것이라고 주장하는 것이 없어야 하며, 또 인간은 하나님과 신성-즉 하나의 영원하고 온전하신 선-외에 다른 것을 원하고 갈망하고 사랑하고 의도해서는 안 됩니다.

　인간의 내면에서 이처럼 소유권의 충동이 출현하는 순간, 또는 그가 영원하신 선이 아닌 것을 원하거나 의도하거나 갈망할 때, 그는 자신을 지나치게 과장하며 파괴를 초래할 것입니다.

한 가지 더 간단히 첨언하자면 다음과 같습니다: 만일 당신과 하나님의 관계가 당신의 손과 당신의 관계와 같이 되는 지점에 이를 수 있다면, 만족하십시오. 당연히 그렇게 되어야 합니다. 진실로, 모든 피조물, 특히 인간은 하나님에 대해 이러한 관계를 유지해야 합니다. 왜냐하면 그는 하나님께 종속된 존재이기 때문입니다.

또, 인간은 스스로 무엇인가를 성취했다고 생각할 때 조심해야 합니다. 그렇지 않으면 마귀가 본성을 유혹하여 안일함과 쉼과 평안과 행복을 추구하고 취하여 하나님 안에 있는 참된 삶과는 상이(相異)하고 거리가 먼 영적인 나태함과 어리석고 무질서한 자유에 빠지게 할 것입니다.

이런 일은 올바른 문(門)이신 그리스도에게로 인도하는 바른길을 걸어가지 않거나, 그것을 원하지 않으며 앞에서 말한 것처럼 다른 길에 의해서 최고의 진리에 이를 수 있다거나, 이미 이 목표를 달성했다고 생각하는 사람에게 일어납니다. 이 사람이 진실로 목표를 달성했는지는 그리스도에 의해서 검증됩니다. 그리스도는 "양의 우리에 문으로 들어가지 아니하고 다른 데로 넘어가는 자는 절도며 강도라"(요 10:1) 말씀하십니다.

우리가 이기적인 길들을 버리고, 자신의 의지를 죽이고, 오직 하나님과 그의 뜻에 대해서만 살기를 기원합니다. 자기의 뜻을 거룩하신 하늘 아버지에게 순종시키신 분, 그리고 온전한 삼위일체 안에서 성령과 연합하여 하나님과 함께 살고 다스리시는 분께서 우리를 도와주시기를 기원합니다.

1518년 비텐베르크에서
요한 그뤼넨베르크에 의해 인쇄됨

참고문헌

Books

Arndt, Johann. *True Christianity*. Trans, and intro. Peter Erb. New York: Paulist Press, 1979.

Asheim, Ivar (ed.). *The Church, Mysticism, Sanctification and the Natural in Luther's Thought*. Philadelphia: Fortress, 1967.

Baring, Georg. *Bibliographie der Ausgaben der "Theologia Deutsch", 1516-1961, Ein Beitrag zur Lutherbiographie*. Baden-Baden: Verlag Heitz, 1963.

Barth, Karl. *Church Dogmatics*. Vols. I-IV. Edingburgh: T. & T. Clark, 1960–1969.

Benzing, Joseph. *Lutherbibliographie*. Baden-Baden: Verlag Librarie Heitz, 1966.

Bernhart, Joseph/(trans. & ed.) *Der Frankfurter, eine deutsche Theologie*. 7.Leipzig: Im Insel-Verlag, 1920.

Blakney, Raymond Bernard (trans.). *Meister Eckhart, A Modern Translation*. New York: Harper & Brothers, 1941.

Boethius, Anicius M. S. *The Consolation of Philosophy*. Trans. James J. Buchanan. New York: Frederik Ungar Publishing Co., 1957.

Büttner, Herrmann (ed.). *Das Büchlein vom vollkommenen Leben. Eine deutsche Theologie*. Jena: 1907.

Büttner, Hermann. (trans. & ed.). *Meister Eckebarts Schriften und Predigten*. Jena: Eugen Diederichs, 1921.

Clark, James & Skinner, John V. (trans. & eds.). *Meister Eckhart, Selected Treatises and Sermons*. London: Faber & Faber, 1958.

Clark, James M. *The Great German Mystics*. Oxford: Basil Blackwell, 1949.

Evans, C. de B. (trans.). *Meister Eckhart by Franz Pfeiffer*. New York: Lucis Publishing Co., n.d.

Filthaut, E. (ed.). *Johannes Tauler, Ein deutscher Mystiker*. Essen: Driever Verlag, 1961.

Hägglund, Bengt. *The Background of Luther's Doctrine of Justification in Late Medieval Theology*. Philadelphia: Fortress, 1971.

Harnack, Adolf. *History of Dogma*. Vols. I-VIII. 3rd ed. London: Williams and Norgate, 1896–1899.

Hofmann, Georg (ed.) *Johannes Taulers Predigten*. Freiburg: Herder, 1961.

Hoffman, Bengt R. *Luther and the Mystics*. Minneapolis: Augsburg, 1976.

Holmquist, Hjalmar. *Kyrkohistoria*. Vols. I-III. 2nd ed. Stockholm: P.A. Norstedt & Söner, 1928-1931.

Kepler, Thomas S. (trans.). *Theologia Germanica. The Way to a Sinless Life*. Cleveland & New York: World Publishing Co., 1952, 1961(?).

Lehmann, Walter. (trans. & ed.) *Johannes Tauler: Predigten*, Vols. I-II. Jena: 1913.

Luther, Martin. *D. Martin Luthers Werke*, Kritische Gesamtausgabe. Weimar: Böhlaus (1883-) _____ Briefwechsel. Weimar: Böhlaus, 1930–1970, _____ Tischreden Weimar: Böhlaus, 1912– 1921.

_____ *Luther's Works*. Vols I-LIV. Eds. H. T. Lehmann and J. Pelikan. St. Louis and Philadelphia: Fortress and Concordia, 1955-1967.

Malcolm Mrs. (trans). *Old German Theology. A Hundred Years Before the Reformation*. London: Arthur Hall, Virtue & Co., 1854.

Mandel, Hermann (ed.) *Theologia Deutsch*, vol. 7 in *Quellenschriften zur Geschichte des Protestantismus*, eds. Joh. Kunze and C. Stange. Leipzig: A. Deichert'sche Verlagsbuchh. Nachf. Georg Boehme,

1906.

Manitius, Max. *Geschichte der lateinischen Literatur des Mittelalters*. Munich: C. H. Beck'sche Verlagsbuchh., 1911.

Neander, August. *General History of the Christian Religion and Church*, Vols. I-V. Boston: Crocker & Brewster, 1859.

Nielsen Fredrik (ed.). *Kirke-leksikon for Norden*. Vols. I-IV. Aarhus: Albert Bayers Forlag, 1900–1929.

Pfeiffer, Franz (ed.). *Deutsche Mystiker des vierzehnten Jahrhunderts*. Leipzig, 1857; Scientia Verlag Aalen, 1962.

Ritschl, Albrecht. *Geschichte des Pietismus in der reformierten Kirche*. Vols. I-III. Bonn: Adolph Marcus, 1880-1886.

Seuse, Heinrich. *Deutsche Schriften*. Ed. Karl Bihlmeyer. Stuttgart: W. Kohlhammer, 1907; reprint Frankfurt a. M.: Minerva, 1961.

Söderblom, Nathan. *Till mystikens belysning*. Ed. Hans Åkerberg. Lund: Studentlitteratur, 1975.

Steiner, Rudolf, *Mysticism at the Dawn of the Modern Age*. Trans. Karl E. Zimmer. Englewood, N.J.: Rudolf Steiner Publications, 1960.

Thomas Aquinas. *Summa Theologiae*. New York: Blackfriars & McGraw-Hill, 1964.

Uhl, Willo. *Der Franckforter* (*"Eyn deutsch Theologia"*). Bonn: Marcus & Weber, 1912.

The Way of a Pilgrim. Trans. R. M. French, 2nd ed. New York: Harper and Brothers, 1952.

Winkworth, Susanna (trans.). *The History and Life of the Reverend Doctor John Tauler of Strasbourg*. New York. Wiley & Halsted, 1858.

Winkworth, Susanna (trans.) *Theologia Germanica*. London: Macmillan & Co., 1874.

Articles

Baring, Georg. "Neues von der Theologia Deutsch' und ihrer weltweiten Bedeutung", *Archiv der Reformationsgeschichte*, vol. 48, 1957.

Hoffman, Bengt R. "On the Relationship between Mystical Faith and Moral Life in Luther's Thought," *Bulletin, Lutheran Theological Seminary at Gettysburg*, vol. 55:1, February 1975.

_____ "Luther and the Mystical," *The Lutheran Quarterly*, vol. 26:3, August 1974.

Oberman, Heiko. "Simul gemitus et raptus: Luther und die Mystik," Asheim, Ivar, ed., *The Church, Mysticism, Sanctification and the Nat ural in Luther's Thought*. Philadelphia: Fortress, 1967.